WEISE FÜHREN ALS JUNGE FÜHRUNGSKRAFT

2 in 1 Buch

Kompetente Mitarbeiterführung ist keine Frage des Alters. Älteren Mitarbeitern auf Augenhöhe begegnen und respektvoll führen.

Marcel Wenddorf
Malte Schabitz

Inhaltsverzeichnis

Führungstechniken, Führungsstile, Führungsmethoden

für junge Führungskräfte

Führungskompetenz verstehen, lernen und entwickeln

Marcel Wenddorf

1. Endlich Chef – was nun?

"Zuallererst ist Führung per se weder gut noch wünschenswert.
Führung ist Mittel zum Zweck.
Das zweite, was zu sagen ist, ist, dass sie Arbeit ist."

Peter F. Drucker

Herzlichen Glückwunsch, Du hast es geschafft, zur Führungskraft aufzusteigen! Das ist ein großer Schritt, denn aus dem einfachen Mitarbeiter wird nun ein Chef. Doch freust Du Dich auf diese Aufgabe, weil Du schon genau weißt, was auf Dich zukommt? Oder hast Du Angst und jede Menge Fragezeichen im Hinterkopf, weil Du noch gar nicht abschätzen kannst, was Dich eigentlich erwartet? Wie kannst Du Dich auf Deine Rolle als Führungskraft vorbereiten? Als Neueinsteiger auf dem Gebiet Führung bist Du zunächst einmal ein Experte in seinem Bereich und weißt fachlich jede Menge. Es ist jedoch ein Unterschied, ob Du Deine Aufgaben als Angestellter erledigst oder plötzlich die Verantwortung dafür trägst, dass ein Team seinen Verbindlichkeiten gerecht wird. Du wirst ziemlich erstaunt sein, wie durch Deine neue Rolle alte Selbstverständlichkeiten ins Wanken geraten. Selbst wenn Du vorher bereits Erfahrung als Stellvertreter gesammelt hast, kannst Du das nicht auf Deine neue Rolle einfach übertragen. Noch anstrengender wird es, wenn Du Dich komplett in eine andere Unternehmenskultur einfinden musst. Schließlich tickt jede Firma anders. Gibt es eine Möglichkeit, diesen Sprung ins kalte Wasser etwas angenehmer zu gestalten?

Für Deine Unsicherheiten im Vorfeld des Stellenantritts existiert meist kein geeigneter Ansprechpartner. Schließlich musst Du bei Deinem Vorgesetzten den Anschein erwecken, die Idealbesetzung für diese Position zu sein und bei Deinen Noch-Kollegen darfst Du Dir natürlich auch keine Blöße geben. Trotzdem kannst Du Dich auf Deine Rolle als Führungskraft vorbereiten und die ersten Monate auf dem Chefsessel so gestalten, dass Dir der Übergang deutlich leichter fällt. Vermutlich fragst Du Dich, wie man Mitarbeiter führen soll. In manchen Unternehmen gibt es Schulungen für Führungsnachwuchs. So verlaufen Übergänge gleitend und mit Mentoren. Dieses Glück hat allerdings nicht jeder Anwärter auf den Chefsessel.

Du kannst Dich jedoch auch ohne Mentor auf die Rolle als Führungskraft vorbereiten. Falls Dir niemand beratend zur Seite steht, um Deinen Führungsstil zu entwickeln, ist es empfehlenswert, auch begleitend, mit den unterschiedlichen Führungsstilen und Führungstechniken auseinanderzusetzen. Über die Kunst, Mitarbeiter zu führen, zerbrechen sich seit knapp hundert Jahren Soziologen, Psychologen und Betriebswirte den Kopf. Während es vor einigen Jahrzehnten noch üblich war, dass der Chef eine autoritäre Alleinherrschaft pflegte und Widerspruch weder erwünscht noch erfolgt war, geht es heute eher um ein optimales Verhältnis von Führungskraft und Mitarbeitern. Trotzdem ist es hilfreich, die Basics der älteren Modelle zu kennen. Denn so manch Element eines als antiquiert geltenden Führungsstils ist in vielen Situationen heute immer noch hilfreich.

Als Führungskraft ist es nicht Deine Aufgabe, schablonenhaft Modelle anzuwenden, sondern zu einer positiven Unternehmenskultur beizutragen und sie in Deiner Abteilung oder Deinem Team sicherzustellen. Wichtig sind echte Werte, die von Dir und innerhalb des ganzen Betriebs vorgelebt werden. Als Führungskraft bist Du automatisch ein Vorbild. Neben der fachlichen Kompetenz braucht es vor allem soziale Kompetenzen. Der Chef von heute weiß, wie er jeder seiner Mitarbeiter tickt und wie er sie anpacken muss, um das Optimum aus ihnen herauszuholen. Mit einer One-Man-Show erreichst Du in einem modernen Unternehmen nichts mehr. Führen bedeutet auch Vertrauen, was Du einerseits gegenüber Deinen Angestellten hast, sie Dir jedoch auch entgegenbringen sollen. Hast Du den Anspruch an Dich, alles vom ersten Tag an perfekt zu machen, setzt Du Dich unnötig unter Druck. Denke daran: Als Führungskraft bist Du so etwas wie ein Trainer. Du musst Deiner Mannschaft die besten Bedingungen schaffen, damit sie auf dem Platz besteht. Das funktioniert nicht von heute auf morgen und verlangt immer wieder eine Anpassung der Strategien.

1.1 Erkenne Dich selbst

Vor dem Antritt der Führungsposition ist Innenschau gefragt. Was bist Du für ein Typ? Einzelkämpfer geben nicht gerne Aufgaben ab und wollen stets die Fäden in der Hand behalten. Das liegt zum einen am Ehrgeiz, Lorbeeren alleine zu ernten, aber auch an mangelndem Vertrauen in andere. Als Führungskraft machst Du es Dir mit dieser Einstellung selbst schwer. Denn erledigst Du als Chef immer noch alles im Alleingang, leiden Deine Mitarbeiter darunter. Nie die Möglichkeit zu erhalten, Verantwortung zu übernehmen lässt die Motivation in den Keller gehen und fördert zudem kein kreatives Arbeitsklima. Für Dich ist es wichtig, die Kunst des Delegierens zu lernen. Mache Dich locker, lasse auch mal los und gebe einen Vertrauensvorschuss. Werden die Aufgaben dann zu Deiner Zufriedenheit erledigt, baut sich bei Dir Zuversicht auf und Dein Team arbeitet motivierter. Nehme Dir vor, ein offenes Ohr zu haben und Vorschläge von Mitarbeitern nicht gleich abzutun.

Möglicherweise bist Du aber auch der Typ, der froh ist, wenn alles irgendwie läuft und keine größeren Komplikationen auftreten. Du ziehst Dich gerne zurück und vermeidest allzu deutliche Anweisungen, weil Du vor allem älteren Mitarbeitern nicht auf den Schlips treten möchtest. Lieber steckst Du den Kopf in den Sand und denkst, es wird schon irgendwie werden. Gleichzeitig fällt Dir das Loslassen aber schwer, weil Du eine Absicherung und Rückversicherung brauchst, dass am Ende alles doch klappt. Ziehst Du Dich als Führungskraft zu stark zurück, erledigen Deine Mitarbeiter ihre Aufgaben routinemäßig, nehmen Dich aber nur als Hintergrundfigur wahr. Wenn Du die Fäden aus der Hand gibst, kann leicht der Schlendrian Einzug halten und Du hast am Ende mit Motivationsproblemen zu kämpfen, falls die nächste Leistungsstufe im Team erreicht werden soll. Habe daher Mut, Entscheidungen zu treffen und entsprechend zu kommunizieren. Das bedeutet nicht, dass Du Deinen Mitarbeitern keinen Raum lässt, sondern diese Präsenz als Führungskraft wird von Dir erwartet. Du wirst rasch merken, wie Du mit jeder getroffenen Entscheidung sicherer wirst. Hast Du die Möglichkeit, Dich mit Deinem Vorgesetzten auszutauschen, frage ihn, welche Stärken und welche Schwächen er an Dir beobachtet. Solche Feedbacks sind nach ein paar Tagen auf der neuen Stelle extrem wichtig und helfen Dir dabei, zu reflektieren.

Dann gibt es noch die Sorte Everybody's Darling. Du hast für gewöhnlich nicht mit Konflikten zu kämpfen und hast ein gutes Gespür dafür, wann Du Arbeit erledigen musst und wann Du delegieren kannst. Daneben bist Du Dir im Klaren darüber, dass Veränderungen nicht über Nacht kommen und kreative Prozesse ihre Zeit brauchen. Haust Du doch einmal auf den Tisch, ist Dir niemand ernsthaft böse, denn Du verlierst dabei nicht Deine Menschlichkeit. Mitarbeiter auf die harte Tour anzufassen ist Dir zuwider. Mit einem derartigen Profil eignet sich der situative Führungsstil für Dich, denn grundsätzlich bist Du jemand, der alle unter Kontrolle hat. An Deiner Stressresistenz musst Du allerdings noch etwas feilen, denn es kann Dir passieren, dass Du in einer unerwarteten Situation die Nerven verlierst. Scheue Dich nicht davor, als Chef Entscheidungen zu treffen, die bei Deinen Mitarbeitern nicht auf Gegenliebe stoßen.

1.2 Die Vorbereitung zählt

Wie gut Du Dich dabei machst, die Führungsrolle zu übernehmen, hängt von ganz verschiedenen Faktoren ab. Da Du als Nachwuchskraft das erste Mal in den Chefsessel kommst, kannst Du nicht auf Erfahrungswerte zurückgreifen. Vor allem dann, wenn Du das Unternehmen gewechselt hast, brauchst Du Informationen: Über das Unternehmen und seine Kultur, über Deinen neuen Aufgabenbereich und - sofern möglich - über die Mitarbeiter, die unter Dir tätig sein werden. Positiv ist es, wenn Du bereits Kontakte in das neue Unternehmen hast, etwa zu einer Führungskraft einer anderen Abteilung. Ein wichtiger Faktor ist die Zeit. Es macht einen erheblichen Unterschied, ob Du in drei Monaten oder in drei Tagen auf der Position anfangen musst.

Fall 1: Du hast mehrere Monate Zeit

Deine erste Aufgabe ist es, so viel Informationen über das Unternehmen zu sammeln wie möglich. Suche im Internet nicht nur auf der Webseite, sondern auch nach alten Zeitungsartikeln. Besorge Dir Geschäftsberichte, Broschüren und Präsentationen, die von anderen Führungskräften gehalten wurden. Nutze die Zeit, um Veranstaltungen des Unternehmens zu besuchen und knüpfe Kontakte zu anderen Führungskräften und Deinem zukünftigen Chef. So lernst Du die Unternehmenskultur kennen und ersparst Dir mühsame Recherchearbeiten, wenn Du die Stelle antrittst. Nehme Dir regelmäßig Zeit, Dich in die Führungssituation hineinzuversetzen. Stelle Dir bereits bekannte Vorgesetzte, Mitarbeiter oder Kunden vor und spiele verschiedene Szenarien durch. Konstruiere Fallbeispiele, überlege Dir Deine eigenen Handlungen, Reaktionen, Entscheidungen und Strategien. Oft begegnen Dir tatsächlich einige der Situationen am Arbeitsplatz wieder, die Du Dir bereits ausgemalt hast. Setze Dich mit den Erwartungen auseinander, die Dir Vorgesetzte und Mitarbeiter entgegenbringen werden. Was könnten die konkreten Ansprüche sein? Wie wirst Du damit umgehen? Kläre für Dich ab, in welchen Fällen Du Dich anpassen kannst und willst und wann es für Dich notwendig ist, eigene Standpunkte zu vertreten. So bereitest Du Deine Führungsrolle schon einmal vor.

Erstelle Dein Kompetenzprofil. Hierzu setzt Du Dich mit Deinen Fähigkeiten auseinander und gleichst sie mit der Stellenausschreibung ab. Diese Analyse liefert Dir die Baustellen, an denen Du vor Antritt des Jobs noch arbeiten kannst. Ideal ist es, wenn Dein zukünftiger Vorgesetzter Dir dabei hilft, Dein Profil zu schärfen. Kompetenzen sind all die Fähigkeiten, über die Du bereits verfügst und die Dir auf der Führungsposition erlauben, in verschiedenen Situationen angemessen zu reagieren. Sie können im Führungsbereich liegen, bei Methoden, aber auch auf der sozialen und personalen Ebene. Statt einfach eine Liste zu schreiben, ist es empfehlenswert mit Fragen zu arbeiten. Letztendlich geht es um eine Ist-Soll-Einschätzung. Bemerkst Du eine Lücke bei Deinen Kompetenzen, überlegst Du Dir, was Du tun kannst, um in diesem Bereich stärker zu werden, wie Du vorgehst und bis wann Du das Ergebnis sehen willst. Stelle Dir ebenfalls vor, in welchen Situationen Du die neuen Kompetenzen anwenden willst.

Typische Fragen rund um Führungskompetenz

- ✓ Wie ist es um mein strategisches Denken und Handeln bestellt?
- ✓ Bin ich in der Lage, Ziele zu entwickeln?
- ✓ Kann ich Ergebnisse erreichen?
- ✓ Wie ist es um meine Fähigkeit bestellt, Veränderungsprozesse anzustoßen?
- ✓ Kann ich Mitarbeitern Orientierung geben?
- ✓ Gehe ich markt- oder kundenorientiert vor?
- ✓ Bin ich in der Lage, andere zu integrieren?
- ✓ Kann ich delegieren?
- ✓ Bin ich fähig, Entscheidungen auf den Punkt zu treffen?
- ✓ Kann ich die Entwicklung von Mitarbeitern oder des Teams fördern?

Fragen rund um Methodenkompetenz

- ✓ Bin ich ein guter Planer?
- ✓ Verfüge ich über Organisationsgeschick?
- ✓ Wie ist meine Analysefähigkeit?
- ✓ Bin ich ein neutraler Bewerter?
- ✓ Kann ich Projekte entwickeln und lenken?
- ✓ Wie leicht fällt es mir, Probleme zu lösen?
- ✓ Beherrsche ich Methoden des Qualitätsmanagements?
- ✓ Kann ich mich und meine Ideen präsentieren?
- ✓ Wie ist es um mein Verhandlungsgeschick bestellt?
- ✓ Bin ich kooperativ?

- ✓ Beherrsche ich Networking?

Fragen rund um soziale Kompetenz

- ✓ Kann ich auch komplizierte Sachverhalte gut kommunizieren?
- ✓ Bin ich fähig, Informationen deutlich zu übermitteln?
- ✓ Verfüge ich über Empathie?
- ✓ Habe ich Überzeugungstalent?
- ✓ Bin ich fähig, Feedback zu geben?
- ✓ Wie ist es um meine Fähigkeit zur Konfliktlösung bestellt?
- ✓ Bin ich Einzelkämpfer oder Teamarbeiter?

Gib Deinem neuen Team die Möglichkeit, eine Aufgabe nach der anderen erfolgreich zu lösen. Hierdurch erlaubst Du ihnen, sich als Team zu beweisen und zu wachsen. Dies wird Zuversicht und Vertrauen gegenüber Veränderungen schaffen.

Fragen zur personalen Kompetenz

- ✓ Kenne ich meine Werte?
- ✓ Was sind meine Motive?
- ✓ Wie belastbar bin ich?
- ✓ Kann ich Initiative zeigen?
- ✓ Wie ist es um meine Flexibilität bestellt?
- ✓ Bin ich loyal?
- ✓ Wie lernfähig bin ich?
- ✓ Verfüge ich über eine gesunde Selbsteinschätzung?

- ✓ Bin ich in der Lage, mich ständig weiterzuentwickeln?
- ✓ Bin ich selbstkritisch?

Fall 2: Der Sprung ins kalte Wasser

Erstens kommt es anders, zweitens als man denkt. Manchmal passiert es, dass Du binnen weniger Tage auf den Chefsessel befördert wirst. Wie kannst Du Dich da noch vorbereiten? Für großartige Analysen und Kompetenzprofile bleibt keine Zeit mehr. Hier geht es jetzt vor allem darum, dass Du den ersten Arbeitstag und die erste Woche so gut wie möglich planst. Das erste Mal sichtbar als Führungskraft wirst Du mit Deiner Antrittsrede. Falls Dein Chef dies nicht vorgesehen hat oder vergisst, erinnere ihn daran. Schließlich brodelt die Gerüchteküche ob Deiner allzu schnellen Führungsübernahme - egal, ob Du aus dem Unternehmen kommst oder neu dazustößt.

Würdige zunächst den Vorgänger auf dieser Position und zeige, dass Du seine Leistungen schätzt. Selbst dann, wenn Du ein absolut desolates Team übernimmst. Beschreibe aus Deiner Perspektive, wie Du zu dieser Position gekommen bist. Erfahrungsgemäß kommen Jungmanager, die sich allzu nassforsch präsentieren, nicht besonders gut bei der Belegschaft an. Du darfst gerne ein wenig Aufgeregtheit in Kombination mit Vorfreude auf die kommenden Aufgaben zeigen. Übertreibe es jedoch nicht. Ziel ist, den Mitarbeitern zu vermitteln, dass Du mit ihnen gemeinsam vor positiven Herausforderungen stehst, die es im Team zu meistern gilt. Aufgrund des knappen Zeitrahmens konntest Du Dir relativ wenig Überblick verschaffen. Kündige daher an, dass Du in kurzer Zeit alle über die anstehenden Veränderungen informierst. Bedanke Dich zum Schluss für die Flexibilität der Mitarbeiter, sich auf die neue Situation einzustellen und bitte um Unterstützung und einen Vertrauensvorschuss.

2. Aller Anfang muss nicht schwer sein – die ersten Tage auf der neuen Position

Für den ersten Eindruck gibt es keine zweite Chance, sagt ein geflügeltes Wort. In Deinen ersten Tagen auf dem Chefsessel ist es daher umso wichtiger, typische Stolperfallen zu vermeiden und zu einem guten Betriebsklima zu finden. Du solltest Dich nicht zu viel unter Druck setzen, denn kleine Fehler, die in den ersten Tagen passieren, kannst Du immer noch ausmerzen. Grundsätzlich gibt es drei Möglichkeiten. Du hinterlässt bei den Mitarbeitern einen positiven Eindruck und die Zusammenarbeit kann ohne nennenswerte Probleme starten. Meistens jedoch verhält man sich Dir gegenüber erst einmal neutral und wartet ab, was von dem Neuen so kommt. Hier hast Du alle Chancen, mit Deiner Persönlichkeit, Deinem Führungsstil und Deinem Fachwissen zu punkten. Schlecht ist es, wenn gleich ein negatives Urteil über Dich gefällt wird. Möglicherweise wollte jemand im Team Deine Position haben und macht nun gegen Dich, den Externen, Stimmung? Die Lage ist ernst, aber nicht hoffnungslos. Auch hier überzeugst Du auf die lange Bank hin mit Persönlichkeit und Leistung. Früher oder später hat dann auch der letzte Kollege gemerkt, welches Spiel gelaufen ist und dann sollte das Eis gebrochen sein. Wie Du Deine ersten Tage auf der Führungsposition gestaltest, hängt davon ab, ob Du innerhalb Deiner Abteilung die Karriereleiter erklommen hast, im Unternehmen bleibst, aber in eine andere Abteilung wechselst oder ob Du in einer ganz neuen Firma anfängst.

2.1 Auf Führungsposition in der bisherigen Abteilung

Alles ist wie immer, nur ein bisschen anders. Wenn Du innerhalb Deiner Abteilung befördert wurdest, hast Du den Vorteil, dass Du mit den Arbeitsabläufen vertraut bist und Du kennst die Stärken und die Schwächen im Team. Möglicherweise hat Dich Dein Vorgänger eingearbeitet. Es kann aber auch sein, dass Du ins kalte Wasser springen musst, weil dem alten Vorgesetzten die Kündigung ausgesprochen wurde. Da Du Dich nicht grundsätzlich einarbeiten musst, kannst Du Dich ganz auf den Auf- und Ausbau Deiner Führungsrolle konzentrieren. Außerdem legst Du nun den Grundstein für Deine Glaubwürdigkeit. Das heißt, Du fegst nicht wie der neue Besen, der am besten kehrt, durch die Abteilung. Was eventuelle Veränderungen betrifft, übst Du Dich in Zurückhaltung. Schließlich weißt Du noch nicht, was sich tatsächlich umsetzen lässt. Umso wichtiger ist es, dass Du Dich zügig mit Deinem Vorgesetzten zusammensetzt, um die Marschrichtung abzustecken. Schließlich kannst Du nur planen, wenn Du weißt, was von Dir und Deinem Team erwartet wird. Lasse Dir ein Feedback geben, was aktuell in Deiner Abteilung gut läuft und was verbessert werden müsste. Frage Deinen Vorgesetzten, was in Zukunft von den Mitarbeitern erwartet wird. Du kannst in dem Gespräch durchaus auch einzelne Mitarbeiter, ihre Rolle und ihre Entwicklungsmöglichkeiten ansprechen. Im nächsten Schritt geht es um die Kompetenzen und Befugnisse, die Du hast. Denn nichts ist fataler, als eine Entscheidung zu treffen, die Dir nicht zugestanden hätte. Frage Deinen Vorgesetzten, welche Befugnisse Du hast und welche Kompetenzen Dir erteilt werden. Vergesse nicht, Dir Notizen zu machen, denn in diesem Gespräch wirst Du sehr viele Informationen erhalten. Nach dem Treffen fertigst Du ein kurzes Protokoll der Sitzungsergebnisse an und lässt es Deinem Chef zukommen. Da Du die Abteilung kennst, solltest Du nur dann Bedenken einfließen lassen, wenn Dein Vorgesetzter mit Erwartungen kommt, die Deiner Erfahrung nach unrealistisch sind. Ist etwas prinzipiell umsetzbar, aber mit Schwierigkeiten verbunden, nimmst Du die Herausforderung an. Das ist jetzt Deine neue Rolle.

Nicht nur Dein Chef hat Erwartungen, sondern auch die Mitarbeiter. Nachdem Du im Gespräch mit Deinem Vorgesetzten den Kurs abgesteckt hast, ist es an der Zeit, die Mitarbeiter zum Einzelgespräch zu bitten. Frage den Mitarbeiter zunächst nach seiner genauen Aufgabenstellung im Team und was damit erreicht werden soll. Aus dem Gespräch wird sich vermutlich automatisch ergeben, dass Dir Schwachstellen genannt werden. Dieses Feedback solltest Du ernst nehmen und gleichzeitig fragen, was in Zukunft besser laufen soll. Versuche, herauszufinden, was dem Mitarbeiter an seiner Aufgabe den meisten Spaß macht und fragen, mit wem er im Team gerne zusammenarbeitet. So kannst Du schon jetzt die besten Synergieeffekte abklären. Nun ist es an der Zeit, nachzufragen, wie sich die Zusammenarbeit mit Dir vorgestellt wird und welche Erwartungen und Ansprüche an Deine Position bestehen. Frage, was Du tun kannst, damit die Aufgaben besser erfüllt werden können. Falle bei diesem Gespräch nicht gleich mit der Tür ins Haus, sondern schaffe erst einmal eine lockere Atmosphäre mit etwas Small Talk. Da man sich bekannt ist, dürfte es nicht allzu schwerfallen, ein Thema zu finden. Auch wenn Du viele Fragen stellen musst, darfst Du nicht den Eindruck aufkommen lassen, es handele sich um eine Art Verhör. Versuche, eine Ebene zu erreichen, in der ein gleichberechtigter Meinungsaustausch stattfinden kann. Tun sich im Gespräch große Diskrepanzen zwischen Deinen Erwartungen und denen des Mitarbeiters auf, musst Du für Dich abwägen, ob Du den Sachverhalt gleich ausdiskutierst oder wartest, bis Du mit allen gesprochen hast. Es kann durchaus sinnvoll sein, Probleme erst einmal zu sammeln, beziehungsweise zu schauen, ob sie im Kollektiv auftreten. Auf keinen Fall solltest Du es in diesem ersten Treffen zu einem Streit kommen lassen. Merkst Du, dass jemand auf Krawall gebürstet ist, weiche mit einem geschickten Manöver aus. Bitte den Mitarbeiter um etwas Zeit, über den Sachverhalt nachzudenken und biete an, im nächsten Gespräch darauf zurückzukommen.

Da Du plötzlich in Deinem alten Team unterwegs bist, stellt sich die Frage, ob Du weiterhin per Du mit manchen oder allen Kollegen bist. Grundsätzlich bleiben die bewährten Formen der Anrede bestehen. Bietest Du plötzlich einem Kollegen das Du an, bringst Du ihn damit in eine unangenehme Situation, denn eine Ablehnung wäre mit vielen Peinlichkeiten auf beiden Seiten verbunden. Frage Dich außerdem, warum Du ausgerechnet jetzt zum Du übergehen solltest, wenn das Sie die ganze Zeit vorher in Ordnung war. Das kann Dir schnell als krampfhafter Versuch, sich zu verkumpeln, ausgelegt werden. Freundlich, fair und kollegial kann man mit beiden Anreden miteinander umgehen.

Ob und wie Du einen Einstand feierst, hängt von der Unternehmenskultur ab. Als Faustregel gilt, dass ihn spätestens zwei Wochen nach Antritt der neuen Position gibst. Plane eine Stunde für diese Feier ein und lege den Termin so, dass die Abteilung eher weniger Arbeitsbelastung aufweist. Gewöhnlich eignet sich der Freitag gut für einen Einstand. Denke daran, alle rechtzeitig über den Termin zu informieren - und zwar zeitgleich. Hat der eine schon die Einladung und der nächste noch nicht, befeuerst Du nur unnötig die Gerüchteküche. Was Getränke und Snacks angeht, richtest Du Dich ebenfalls nach dem, was in Deinem Unternehmen üblich ist. Wenn es bislang immer Brezeln vom Bäcker an der Ecke gab, musst Du nicht plötzlich die Sushiplatte bestellen.

2.2 Auf Führungsposition in einer anderen Abteilung Deines Unternehmens

Du bewegst Dich auf gewohntem Terrain, aber trotzdem ist alles anders? Willkommen als Führungskraft in einer anderen Abteilung Deines Unternehmens. Auf Dich wartet nun ein Mix aus Bewährtem und Neuem. Du kennst Dich zwar wunderbar in der Unternehmenskultur aus, aber Dein Team musst Du erst noch kennenlernen. Je nach Größe der Firma hast Du noch den gleichen Vorgesetzten oder eine andere Person ist nun für Dich zuständig. Zunächst triffst Du Dich mit Deinem Vorgesetzten, um Erwartungen, Wünsche und Kompetenzen abzuklären. In diesem Gespräch sollte der Termin festgelegt werden, wann Du dem Team offiziell vorgestellt wirst. Manche Chefs entscheiden sich auch, direkt in den Arbeitsbereich zu gehen und das Personal einfach zusammenzurufen. Dein Vorgesetzter wird eine kurze Einführungsrede halten und dann an Dich weitergeben. Du bedankst Dich für die netten Worte und das Vertrauen, das in Dich gesetzt wird und kündigst an, Dich auf die neuen Herausforderungen zu freuen, die gemeinsam bewältigt werden. Was grundsätzlich in Deine Antrittsrede gehört, hast Du bereits im vorherigen Kapitel erfahren. Du musst sie nur jeweils Deiner spezifischen Situation anpassen.

Da man Dich entweder nur vom Hörensagen oder aus der Kantine kennt, kannst Du einen kurzen Überblick zu Deiner bisherigen Karriere geben. Arbeite lediglich die Meilensteine heraus und vergesse auch nicht, eines Deiner Hobbys einfließen zu lassen. In der Kürze liegt bekanntlich die Würze. Kündige an, dass Du mit den Mitarbeitern zeitnah strukturierte Vier-Augen-Gespräche durchführen wirst, um über Arbeitsinhalte zu sprechen. Lasse die Mitarbeiter wissen, dass Du danach die erste Teamsitzung einberufen wirst. Hast Du vor, regelmäßig Teamworkshops oder demnächst eine Fortbildung zu veranstalten, lasse Deine Mitarbeiter das kurz wissen, aber erwecke nicht den Eindruck, dass von jetzt auf gleich alles anders wird. Biete an, dass man Dich schon jetzt in Deinem neuen Büro für Gespräche erreichen kann und bringe abschließend Deine Hoffnung auf eine gute Zusammenarbeit zum Ausdruck.

Einzelgespräche und danach das Teammeeting wäre die klassische Art, die Position als Chef anzutreten. Du kannst auch alle zusammen in einer Sitzung kennenlernen. Eine eher unkonventionelle Idee wäre es, an die Mitarbeiter einen kleinen Fragebogen auszugeben, den Du natürlich auch auf einem Flipchart gut lesbar für alle aufstellen kannst. Hier kommt es auf einen guten Mix zwischen berufsbezogenen und persönlichen Fragen an, die jedoch nicht zu intim sind.

Mögliche Fragen wären:

- ✓ Welche Funktion haben Sie in diesem Team?
- ✓ Können Sie in Stichpunkten Ihren beruflichen Werdegang skizzieren?
- ✓ Was essen Sie in der Mittagspause am liebsten?
- ✓ Haben Sie ein Hobby?
- ✓ Welche Stärken haben Sie?

Um das Eis zu brechen, fängst Du mit Deiner eigenen Person an. Da die Fragen bunt gemischt sind, kannst Du in Deine Antworten Humor und Selbstironie einfließen lassen. Denke daran: Je kreativer Deine Vorstellung ist, desto mehr Mühe werden sich Deine Mitarbeiter bei Ihrer Präsentation geben. Bitte danach, einen Freiwilligen, die nächste Vorstellungsrunde zu übernehmen. Normalerweise steht an dieser Stelle der größte Spaßvogel im Team auf. Falls nicht, bestimmst Du eine Person. Achte darauf, dass alle Fragen auf der Liste wirklich beantwortet werden. Gefallen Dir bestimmte Antworten, kannst Du durchaus das ein oder andere Kompliment geben. Mit der Frage nach den Stärken sorgst Du für eine positive und optimistische Grundstimmung. Diese spielerische Art der Vorstellung hilft Dir auch, zu erfassen, wie das Team untereinander agiert. Du kannst beobachten, wer über wen Sprüche und Kommentare abgibt - und welcher Art die sind. Hat sich jeder vorgestellt, gibst Du einen Ausblick auf das, was als Nächstes kommt. Neben den Einzelgesprächen kannst Du auch ankündigen, mit jedem Mitarbeiter einen Tag lang zusammenzuarbeiten, um genau die Aufgabenbereiche zu kennen.

2.3 Eine Führungsposition in einer neuen Firma

Wenn Du in einem anderen Unternehmen eine Führungsrolle antrittst, stehst Du deutlich mehr Herausforderungen gegenüber. Zum einen musst Du Dich selbst in organisatorische und strukturelle Abläufe sowie die Unternehmenskultur einarbeiten. Daneben übernimmst Du eine Leitungsfunktion und wirst für Dir bislang völlig unbekannte Kollegen verantwortlich sein. Positiv daran ist, dass Du ein völlig unbeschriebenes Blatt bist und einen Neuanfang starten kannst. Nach dem orientierenden Gespräch mit Deinem Vorgesetzten gehst Du so vor, wie im vorherigen Kapitel beschrieben. Grundsätzlich solltest Du sowohl von Deiner Vorstellungsrunde als auch den ersten Einzelgesprächen nicht zu viel erwarten. Erwarte keine überschwänglichen Reaktionen, sondern sorge mit Inhalten und Körpersprache dafür, dass man Dir zuhört. Auf manchen Gesichtern wirst Du freudige Erwartung sehen und in anderen Ablehnung. Nehme diese Reaktionen auf keinen Fall persönlich. Es liegt nicht an Dir, sondern schlichtweg an der Rolle, die Du dabei bist, einzunehmen.

3. Die ersten 3 Monate als Führungskraft

3.1 Im Schatten des alten Chefs

Respekt und Anerkennung als Chef bekommst Du nicht geschenkt, sondern Du musst es Dir verdienen. Dein Verhalten sollte sich auch daran orientieren, wie Du in den Chefsessel gekommen bist und wer vor Dir dort gesessen hat. Steigst Du innerhalb des Teams auf, werden einige Kollegen Dir nicht nur mit Skepsis, sondern auch mit Neid begegnen. Vor allem dann, wenn es mehrere potenzielle Anwärter gab. Andere fragen sich, ob Dir die Schuhe wirklich passen, die Du da angezogen hast. Dein Vorteil ist, dass Du das Team genau kennst - mit all seinen Stärken und Schwächen. Wenn Du vorher ein intensives, freundschaftliches Verhältnis zu einigen Kollegen gepflegt hast, möchtest Du nicht zu autoritär wirken. Im schlimmsten Fall tanzen Dir die Mitarbeiter dann auf der Nase herum, weil sie denken aufgrund alter Freundschaften können sie alles mit Dir machen. Andere fahren einen extrem harten Kurs, da sie glauben, die neue Rolle nur so umsetzen zu können. Die Lösung liegt wie immer in der Mitte. Auch als Führungskraft darfst Du Dich zu alten Freundschaften bekennen und gleichzeitig die Richtlinien vorgeben. Benenne klar Aufgaben und delegiere Arbeiten. Wenn Du merkst, dass übergangene Mitbewerber querschießen, setzt Du auf Einzelgespräche.

In vielen Fällen sitzt der Schatten des alten Chefs noch eine Weile mit Dir am Schreibtisch. War Dein Vorgänger sehr beliebt und ist auf eine bessere Position gewechselt oder musste das Unternehmen verlassen, zeigen sich ihm gegenüber viele Teammitglieder immer noch loyal und begegnen Dir entweder mit großen Bedenken oder offener Ablehnung. Hat die ganze Abteilung unter einem tyrannischen Boss gelitten, ruhen nun sämtliche Hoffnungen auf ein angenehmes Arbeitsklima auf Dir. Dieser subtile Erwartungsdruck kann ganz schön Stress verursachen. Unangenehm kann es ebenfalls sein, wenn Dir gegenüber immer erwähnt wird, wie großartig doch der alte Chef war. Den Vergleich mit dem Vorgänger kannst Du nicht verhindern. Es wäre allerdings verkehrt, in einen Wettbewerb mit einem Schatten zu treten. Du bist eine eigenständige Persönlichkeit und musst Dir nicht die Schuhe Deines Vorgängers anziehen. Arbeite Deine eigenen Stärken und Ziele heraus. Honorierst Du die Leistungen Deines Vorgängers, dokumentierst Du Größe. Noch wichtiger ist es aber, die Leistung des Teams entsprechend zu würdigen. So etablierst Du eine Verbindung. Schließlich hört jeder gerne ein Lob über sich selbst.

Du bist noch ziemlich jung und hast einen rasanten Aufstieg hingelegt? Möglicherweise begegnet Dir am Anfang allgemeines Misstrauen. Schließlich kann es bei der Besetzung der Position nicht mit rechten Dingen zugegangen sein, oder? Wenn Du eine zu enge Beziehung zu Deinem Vorgesetzten pflegst und gar den Feuermelder gibst, sobald etwas passiert, wird das Klima nur rauer. Gut möglich, dass man Dich dann für eine arrogante Petze und einen Schleimer hält. Da hilft nur, das Vertrauen wichtiger Mitglieder im Team zu gewinnen. Beziehe die Leistungsträger mit in Deine Entscheidungen ein, ohne dabei anbiedernd zu wirken. So machst Du deutlich, dass es Dir nur um das Team geht und nicht um Dein Ego. Nach und nach wirst Du merken, dass Tauwetter einsetzt.

3.2 Was die Mitarbeiter von Dir als Chef erwarten

Es gibt typische Fallstricke, die in den ersten Monaten in der Führungsposition auf Dich lauern. Du tappst hinein, weil Du Dich am Anfang nicht nur in Deine neue Stelle einfinden musst, sondern auch Mitarbeiter und Entscheidungsträger überzeugen musst, dass Du die richtige Besetzung bist. Gehe zunächst einmal davon aus, dass jeder Mitarbeiter sich durch die neue Situation bedroht fühlt. Das betrifft besonders die Angestellten, die sehr gut mit dem alten Chef gestanden haben. Selbstverständlichkeiten kommen durch einen Wechsel immer ins Wanken. Du musst Dir bewusst sein, dass irgendjemand im Team sicher auf typische Managementfehler von Dir lauern wird. Daher geht es für Dich auch darum, herauszufinden, welche Ansprüche Deine Mitarbeiter an Dich als Führungskraft haben.

Kein blinder Aktionismus

Durch so einen Wechsel bleibt viel liegen. Gleichzeitig türmen sich neue Aufgaben in der Abteilung. Jetzt heißt es, die Ruhe bewahren und nicht in übermäßigen Aktionismus verfallen. Nicht selten verbreitet ein neuer Chef erst einmal eine Menge Stress. Atme tief durch und lege Dir einen Fahrplan zurecht, den Du stationenweise abarbeitest. Lasse Dich nicht dazu verleiten, gleich Deine ganze Energie in die erstbeste Aufgabe zu hängen.

Innovation statt Stagnation

Die Gefahr lauert vor allem dann, wenn Du innerhalb Deines Unternehmens auf der Karriereleiter emporgeklettert bist. Man hat Dich aufgrund Deiner bisherigen Leistungen befördert und möglicherweise denkst Du, es reicht aus, wie gehabt weiterzumachen. Das ist ein Irrtum. Die Stelle hast Du bekommen, weil Dein Vorgesetzter davon ausgeht, dass Du Verantwortung übernehmen und für Innovationen sorgen kannst. Einen frischen Wind erwarten auch die Mitarbeiter von der neuen Führungskraft. Ruhst Du Dich auf Lorbeeren aus, wird sich das schnell bemerkbar machen.

Einen respektvollen Umgang

Als Chef kannst Du nicht alle Mitarbeiter glücklich machen und zuweilen musst Du unangenehme Entscheidungen treffen. Es wäre aber grundlegend falsch, das Team so herumzukommandieren, wie es ein König mit seinem Hofstaat tut. Durch respektvollen Umgang mit den Mitarbeitern und deren Einbindung in Entscheidungsprozesse schaffst Du Dir Verbündete. Denn nur Mitarbeiter, auf die Du Dich verlassen kannst, sind gute Mitarbeiter. Zudem macht der Ton die Musik. Gerade Nachwuchskräfte machen den Fehler, einen allzu forschen Umgangston zu pflegen. Wenn es aus Deinem Büro klingt wie auf dem Kasernenhof, verschaffst Du Dir keinen Respekt, sondern nur den Ruf, arrogant zu sein.

Nicht nur auf Projekte fokussieren

Daten, Zahlen, Ziele - viele Chefs referieren über das was ansteht, kommunizieren dabei aber nicht mit dem Team. Das beste Projekt nutzt nichts, wenn die Mitarbeiter keinen blassen Schimmer haben, wohin die Reise gehen soll. Merkst Du, dass man überhaupt nicht versteht, was Du eigentlich erreichen möchtest, muss das Problem auf den Tisch.

Effektive Ursachenbekämpfung

Wo es gerade um Probleme geht: Nicht selten kommt es vor, dass junge Führungskräfte kurzerhand selbst kleine Fehler im Projekt korrigieren. Das bleibt auch Deinem Team nicht verborgen. Die meisten Mitarbeiter wissen ganz genau, wo sie selbst hätten sorgfältiger sein müssen. Lässt Du das durchgehen, indem Du es am Ende selbst richtest, löst Du zwar das Problem, bereitest jedoch den Boden für Faulheit und Schlendrian. Wenn jeder Mitarbeiter denkt, dass der Chef es schon richten wird, leidet die Produktivität und damit geht die Motivation den Bach hinunter.

Keine bloße Verwaltungstätigkeit

Sobald Du übernimmst, hast Du das Zepter in der Hand. Kein Team akzeptiert einen Chef, der bei jeder Frage erst einmal antwortet, er müsse sich eine Etage darüber rückversichern. Was Du mit dem „Oberboss" besprichst, ist das eine. Aber wenn Du nur verwaltest und Anweisungen weitergibst, empfindet Dich kein Mitarbeiter als Führungskraft.

Fördern statt nur fordern

Du hast den ultimativen Plan erstellt, wie Du wieder Schwung in den Laden bringst? Du kannst es kaum erwarten, Anweisungen zu erteilen, wie die Belegschaft all diese Pläne in die Tat umsetzen soll? Zudem bist Du vielleicht richtig gut darin, die Leute zurechtzuweisen und zu korrigieren, wenn etwas nicht wie erwartet umgesetzt wird? Nimm den Fuß vom Gas. Gewöhnlich arbeiten Mitarbeiter deutlich besser, wenn Sie gelobt und zu ihren Aufgaben ermuntert werden. Wer motiviert ist, leistet am Ende mehr.

Klare Ansagen

Manche Chefs sind richtig gut darin, zu erklären, wie sie eine Aufgabe nicht erledigt haben möchten. Allerdings bleiben die Hinweise, was stattdessen zu tun sei, vage. Wenn Du keine klaren Ansagen machen kannst, wird das Deine Mitarbeiter in die Verzweiflung treiben. Verzichte daher unbedingt auf schwammige Aussagen.

Mehr Verantwortung

Erteilst Du Deinen Mitarbeitern nur Aufgaben oder auch gleich die Verantwortung dafür? Die hohe Kunst des Delegierens gehört zu den Kernkompetenzen einer Führungskraft. Denn ein Teammitglied gibt nur dann sein Bestes für ein Projekt, wenn damit auch Verantwortung verbunden ist. Das schließt einen gewissen Gestaltungsspielraum mit ein.

3.3 Checkliste: Darauf kommt es in den ersten 3 Monaten als Führungskraft an

Vorbereitung ist alles und startet ab dem Moment, in dem Du die frohe Botschaft erhältst. Auf der einen Seite musst Du Deine Fachkenntnisse auf den Prüfstand stellen und gegebenenfalls auffrischen. Gleichzeitig musst Du Dich mit den Erwartungen Deines Vorgesetzten, der Mitarbeiter und der Kunden auseinandersetzen. Als junge Führungskraft, die zum ersten Mal eine derartige Verantwortung trägt, reicht es nicht aus, Dein einmal erstelltes Programm abzuspulen. Überprüfe daher in regelmäßigen Abständen, welche Bereiche noch optimiert werden müssen und in welchen es Dir gelungen ist, Deine Vorstellungen umzusetzen. Eine wesentliche Rolle spielt dabei auch der Umgang mit Stress, den eine derartige Position zwangsläufig mit sich bringt.

Der Plan

Erstelle Dir gemäß dem Anforderungsprofil Deiner Position einen Dreimonatsplan. Aus diesem Plan soll klar hervorgehen, in welchen Bereichen Veränderungen notwendig sind und was so bleiben kann, wie es ist. Markiere ebenfalls die Teilbereiche, in denen Du nur geringe Modifikationen vornehmen musst. Achte beim Setzen von Zielen darauf, dass sie realistisch und umsetzbar sind. Es kann empfehlenswert sein, eher auf Teilziele statt des ganz großen Deals zu setzen. Kontrolliere jeweils am Ende der Woche, ob Du nachjustieren oder etwas ergänzen musst.

Gute Recherche

Wenn Du neu in einem Unternehmen bist, ist es wichtig, so schnell wie möglich die Entscheidungswege nachzuvollziehen und die Strukturen kennenzulernen. Neben einer gründlichen Recherche über die für Deine Aufgaben relevanten Abteilungen und Bereiche solltest Du Wert darauf legen, andere Verantwortliche in der Firma kennenzulernen. Kläre ab, mit wem Du wie zusammenarbeiten wirst. Warte nicht darauf, bis irgendjemand kommt und sich vorstellt. Oder- noch schlimmer- irgendwann fragt, wer Du eigentlich bist. Wenn Du zum guten Beobachter wirst, lernst Du auch, wie im Unternehmen mit Veränderungen umgegangen wird.

Verbündete suchen

Wichtig ist, dass Du die Erwartungen Deines Vorgesetzten, aber auch der Menschen, mit denen Du zusammenarbeiten wirst, kennst. Das bedeutet nicht, dass Du ständig bei Deinem Chef in der Tür stehst und nach Feedback hechelst. Nicht nur Dein Vorgesetzter, sondern auch andere Kollegen in leitender Funktion sowie Kunden können Deine Verbündeten werden. Achte daher darauf, so schnell wie möglich ein Netzwerk aufzubauen.

Der Umgang mit dem Team

Lerne Deine Mitarbeiter in Einzelgesprächen kennen. Gebe Ihnen das Gefühl, dass Du an ihren Aufgabenbereichen und Erfolgen interessiert bist, aber auch als Mensch. Stelle jedoch keine zu detaillierten privaten Fragen und beschränke Dich auf höflichen Smalltalk. So schaffst Du eine angenehme Gesprächsatmosphäre und kannst schon die ersten Vorbehalte abbauen, die Dir gegenüber vielleicht bestehen. Diese Gespräche helfen auch Dir, für Dich abzuklären, mit wem Du im Team enger zusammenarbeiten willst und wer mehr Verantwortung erhalten soll.

Auch ansonsten ist Deine Beobachtungsgabe gefragt. Wer sind die Wortführer und Meinungsbildner? Wer aus dem Team begegnet Dir feindlich, wer ist neutral und wessen Herz ist Dir zugeflogen? Kannst Du den Grund für eine negative Einstellung Dir gegenüber ausmachen? Analysiere auch, zwischen welchen Teammitgliedern interne Konflikte bestehen.

Anerkennung

Neue Besen kehren gut, lautet ein altes Sprichwort. Du gibst als Führungskraft jetzt zwar die Richtung vor, aber letztendlich ist das Ergebnis nur so gut wie das schwächste Glied in Deiner Teamkette. Zeige Deinen Mitarbeitern, dass Du ihre Leistungen schätzt und lasse sie an Erfolgen teilhaben. Das motiviert ungemein. Frage Dich selbst immer wieder, was Dich zur Hochform auflaufen ließ, als Du noch kein Chef warst.

Die Signale

Als Chef hast Du eine starke Signalwirkung. Die Richtung, die Du ausstrahlst, wird Dein Team einschlagen. Du kannst mit Deinem Auftritt Kontinuität ausdrücken oder Innovation. Aber auch Veränderung, Vertrauen und Optimismus. Ganz wichtig ist, dass Du Dein Verständnis von Führung reflektierst und Dich vor allem für einen Führungsstil entscheidest, um eine klare Linie hineinzubringen.

4. Führungsstile

Ein Führungsstil ist die Verhaltensweise, die Du als Vorgesetzter Deinen Mitarbeitern entgegenbringst. Von Deiner Grundhaltung aus leitet sich also ein ganz bestimmtes Verhaltensmuster ab. Es gibt nicht den perfekten Führungsstil, denn jeder Chef hat seinen eigenen Stil, der seine Arbeitsweise und Persönlichkeit reflektiert. Hast Du Dich für einen Führungsstil entschieden und merkst, dass Du damit in einer Sackgasse gelandet bist, kannst Du Dich für einen anderen entscheiden. Möglicherweise verkörperst Du schon einen ganz bestimmten Führungsstil, den das Unternehmen sich auf dieser Position gewünscht hat, weshalb man Dir diese Stelle gegeben hat.

4.1 Führungsstile bei Max Weber

Der deutsche Soziologe Max Weber (1864-1920) ist sozusagen der Vater aller Führungsstile. Bei ihm finden sich vier Arten, die in der Vergangenheit zur Anwendung kamen, heute jedoch als veraltet gelten.

Der autokratische Führungsstil

"L'État, c'est moi - der Staat bin ich"
- willkommen im autokratischen Führungsstil.

Als Autokrat bist Du ein Alleinherrscher, der unabhängig von anderen seine Entscheidungen trifft. Du gibst die Anweisungen, denen gefolgt wird. Dein Team zeichnet sich durch eine starke Hierarchie aus. Das ist in Situationen, in denen eine Entscheidung auf den Punkt getroffen werden muss, von Vorteil. Wahrscheinlich kennst Du es selbst aus Deiner Karriere, wie lähmend es sein kann, wenn erst einmal alles ausdiskutiert werden muss. Für Deine Mitarbeiter ist dieser Führungsstil recht bequem- so lange Du nicht zum Diktator wirst. Schließlich muss niemand Verantwortungen übernehmen oder eigenständige Entscheidungen treffen. Für selbständig denkende Mitarbeiter und kreative Köpfe ist so ein Führungsstil die Hölle. Wer will schon alles kritiklos hinnehmen? Trotzdem gibt es auch heute noch Situationen, in denen dieser Führungsstil angebracht ist. Zum Beispiel, wenn ein Auftrag dringend erledigt werden muss, der Kunde bereits eine Verlängerungsfrist eingeräumt hat, aber nun wirklich Hochdruck herrscht und keine weitere Verzögerung mehr eintreten darf. In diesem Fall sorgt die Führungskraft mit einer klaren Ansage dafür, dass die Arbeit heute definitiv erledigt werden muss. Jeder Mitarbeiter weiß dann, was zu tun ist und Widerspruch oder Diskussion ist in diesem Fall nicht angebracht.

Der patriarchalische Führungsstil

Bei dem Begriff kommt Dir vermutlich das Bild eines hochbetagten Chefs in den Kopf, der mit strenger Hand das Unternehmen führt, gleichzeitig aber so etwas wie väterliche Fürsorge für seine Mitarbeiter an den Tag legt. Das kommt dem von Weber gezeichnet Bild ziemlich nahe. Im patriarchalischen Führungsstil wird ein Unternehmen durch einen autokratischen Chef geführt. Der verfügt allerdings über ein ausgeprägtes Verantwortungsgefühl gegenüber seinen Angestellten. Seine Position hält er aufgrund seines Alters, seiner Erfahrungen und seines Wissensvorsprungs inne. Auch hier läuft alles nach einem klaren Schema ab. Die Angestellten erhalten Anweisungen, denen sie zu folgen haben. Spielraum für neue Ideen bleibt nicht.

Der charismatische Führungsstil

Chef bringt seine Angestellten ohne Mühe dazu, die an sie gestellten Aufgaben zur vollen Zufriedenheit zu absolvieren. Charismatische Chefs umgibt eine natürliche Aura der Macht und sie strahlen ein hohes Selbstbewusstsein aus. Wenn Du ein charismatischer Chef bist, schaffst Du es, das Team schon mit Worten zu inspirieren. Das Dein Charme die Mitarbeiter so in ihren Bann zieht, wird jeder mit Freude seinen Aufgaben nachkommen und auch Mehrarbeit wäre unter dieser Prämisse kein Problem. Problematisch wird es dann, wenn sich hinter diesem Charisma keinerlei Substanz verbirgt oder die Charmeoffensive zu Intrigenspiel missbraucht wird.

Der bürokratische Führungsstil

Im bürokratischen Führungsstil ist der Chef quasi austauschbar. Schließlich existieren exakte Vorschriften und Dienstanweisungen wie der Betrieb zu laufen hat. Danach richtet sich der gesamte Arbeitslauf. Der Chef überwacht die Einhaltung dieser Regeln. Das schützt Mitarbeiter vor Willkür, denn das System ist fair: Gleiche Spielregeln für alle, Sympathie und Antipathie bleiben außen vor. Dieses System mag zwar in einer Behörde funktionieren, doch wenn im Unternehmen die Hütte brennt, ist flexibles Krisenmanagement nicht möglich. Durch die nicht vorhandene Selbständigkeit der Mitarbeiter wird Dienst nach Vorschrift gemacht, aber auch nicht mehr.

4.2 Führungsstile bei Kurt Lewin

Der Psychologe Kurt Lewin (1890 bis 1947) hat Führungsstile in Zusammenhang mit Produktivität und Effizienz untersucht. Bei ihm gibt es drei verschiedene Kategorien. In Studien hat Lewin den Zusammenhang zwischen Führungsstil und Leistung erforscht. So ließ er an der Universität Iowa eine Gruppe ohne Führung und eine unter dem autoritären Führungsstil arbeiten. Mit dem Ergebnis, dass die Gruppe ohne Führung nicht nur weniger effektiv ihren Aufgaben nachkam, sondern auch der Teamgeist und die Zufriedenheit der Mitarbeiter insgesamt schlechter war. Das bedeutet, man kann über den Chef schimpfen so viel man will: Führung ist notwendig, wenn Leistung erbracht werden soll.

Der autoritäre oder hierarchische Führungsstil

Der Chef hat für jedes Problem die Antwort, wobei Kritik an seiner Person oder seinen Entscheidungen nicht erwünscht ist. Die Anweisungen werden befolgt, wodurch der Lösungsweg schon vorgezeichnet ist. Im Mittelpunkt steht der Erfolg, auf Bedürfnisse der Teammitglieder wird keine Rücksicht genommen. So ist der Arbeitsablauf immer unter Kontrolle und Entscheidungen werden schnell getroffen. Da die Verantwortung nur bei einer Person liegt, stehen die Mitarbeiter ziemlich hilflos da, wenn der Chef ausfällt oder dessen Entscheidung ein Fehler war. Selbständiges Denken der Mitarbeiter bleibt außen vor.

autoritärer/hierarchischer Führungsstil	
Vorteile • Schnelle Entscheidungen • Es gibt eine klare Führung und die Verantwortung ist geklärt • Kompetenzen sind klar verteilt	**Nachteile** • Demotivierte Mitarbeiter, die sich nicht gefordert fühlen • Oft stark überforderte Führungskräfte • Es bleibt kein Raum für neue Ideen oder innovative Denkweisen

Der demokratische oder kooperative Führungsstil

Die Führungsperson arbeitet mit den Mitarbeitern zusammen. Aufgaben und Verantwortung werden delegiert, daneben ist es Aufgabe des Chefs, die Mitarbeiter zu motivieren. Durch dieses Klima entsteht Eigeninitiative und auch konstruktive Kritik kann angebracht werden. Das selbständige Arbeiten ermöglicht eine bessere Identifikation der Mitarbeiter mit dem Unternehmen. Der Nachteil: Entscheidungsprozesse dauern länger. Durch den größeren Freiraum können sich Konkurrenzsituationen zwischen Kollegen aufbauen. Typisches Fallbeispiel für kooperative Führung: Der Chef hat ein Meeting angesetzt, um den neuesten Stand eines Projektes zu besprechen. Hierfür kündigt er an, dass er bereits vorliegende Entwürfe gerne als Präsentation sehen würde und weitere Details gerne diskutieren möchte. Durch die Diskussion werden die Mitarbeiter eingebunden und werden Teil des Entscheidungsprozesses. Genau diese Teilhabe macht Kooperation aus.

demokratischer/kooperativer Führungsstil	
Vorteile • Die Mitarbeiter sind sehr motiviert • Hohe Identifikation mit dem Unternehmen • Fehler können durch stetiges Feedback zukünftig vermieden werden • Innovative und kreative Möglichkeiten • Die Entscheidungen werden nicht nur von einem getragen	**Nachteile** • Entscheidungen werden langsam getroffen • Unternehmen kann durch fehlende Entscheidungen oder Übereinstimmungen gelähmt werden

Der Laissez-faire Führungsstil

Machen lassen bedeutet Laissez-faire auf Französisch. Hier kann sich jeder Mitarbeiter entfalten und handelt auf eigene Verantwortung. Der Chef greift nicht regulierend ein, was weder Hilfe noch Strafe bedeutet. Unter einem derartigen Führungsstil kann sich zwar jeder so entfalten, wie er möchte, doch über kurz oder lang setzen gruppendynamische Prozesse ein. Es kommt zu Rivalitäten, Ausgrenzung einzelner und letzten Endes doch zum Wunsch nach einer Führungspersönlichkeit. Doch wie würde das in der Praxis aussehen?

Stell Dir vor, Du bist der Chef in einer Werbeagentur. Demnächst steht die Neugestaltung des Covers eines Kundenmagazins an. Der Auftraggeber hat allerdings noch keine Deadline gesetzt. Klar ist nur, dass es ein zeitgemäßeres und frischeres Layout sein soll. Als Führungskraft sagst Du dann zu Deinen Grafikern, sie sollten sich schon einmal Gedanken um das neue Layout des Kundenmagazins machen und Dir Bescheid geben, sobald erste Entwürfe vorliegen.

Laissez-faire Führungsstil	
Vorteile • Die Mitarbeiter entscheiden viele Dinge selbst	**Nachteile** • Es gibt keine wirkliche Orientierung • Mitarbeiter sind schnell demotiviert und fühlen sich allein gelassen • Sehr gefährlich in jeder Form einer Krise

4.3 Moderne Führungsstile

Heute gilt der Chef nicht mehr als allwissend und unfehlbar. In bestimmten Bereichen wirst Du von der Kompetenz einzelner Mitarbeiter abhängig sein. Einmal abgesehen davon, dass einer jungen Führungskraft niemand die Rolle des Patriarchen abnehmen würde, bedeutet ein autoritärer Führungsstil in diesem Kontext eine erhöhte Gefahr für Fehlentscheidungen. In der freien Wirtschaft ist Flexibilität gefragt. Da sich heute Heerscharen von Mitbewerbern auf dem Markt tummeln, kommt der Kundenorientierung eine enorme Bedeutung zu. Für all das brauchst Du die Motivation und die Kreativität Deines Teams. Eine Schlüsselrolle spielen weiterhin Transparenz und Kommunikation. Durch zunehmende Eigenverantwortung der Mitarbeiter wird die Kluft zwischen Führungskraft und Team ohnehin kleiner. Das verlangt beim Führungsstil nach zeitgemäßen Konzepten.

Der situative Führungsstil

In der modernen Arbeitswelt kommen die klassischen Führungsstilmodelle an ihre Grenzen. Denn die Ratschläge sind zu allgemein gefasst und können nicht in jeder Situation angewendet werden. So findet im klassischen autoritären Führungsstil keine Unterscheidung zwischen den Mitarbeitern statt. Anweisungen gehen unabhängig von der Dauer der Unternehmenszugehörigkeit heraus. Ein individuelles Reagieren des Chefs auf bestimmte Situationen ist nicht vorgesehen. Kritik kommt in diesen Systemen ebenfalls nicht vor. Der situative Führungsstil rückt die Beziehungen zwischen der Führungskraft und den Arbeitnehmern in den Mittelpunkt. Ausgehend von der Annahme, dass es den besten Führungsstil nicht gibt, geht es um Bedürfnisse der einzelnen Mitarbeiter, was Flexibilität voraussetzt. Im situativen Führungsstil werden verschiedene Führungsstile inklusive ihrer Stärken und Schwächen miteinander kombiniert und dann an die aktuelle Situation angepasst. Das bedeutet für Dich als Führungskraft, dass Du die Stärken eines Stils kennst und in der jeweils angebrachten Situation einzusetzen weißt.

Das Modell der situativen Führung hat im Jahr 1977 der Verhaltensforscher Paul Hersey zusammen mit dem Ken Blanchard, Professor für organisierendes Verhalten und Führung, entwickelt. Die beiden gehen davon aus, dass sich Führungsstil und Verhalten in **zwei Kategorien** aufteilen lässt:

Aufgabenorientierung
Als aufgabenorientierte Führungskraft machst Du klare Ansagen, was bis wann getan werden muss und wie das entsprechende Projekt angegangen wird. Im Vordergrund stehen Erwartungen und konkrete Ziele.

Personenorientierung
Hier geht es um soziale Beziehungen. Dazu zählen Feedback, konstruktive Kritik, ein offenes Ohr bei Problemen, die Wertschätzung der Leistungen im Team und die Motivation, um die Aufgaben zu bewältigen.

Damit Du weißt, wann welches Verhalten angebracht ist, haben Hersey und Blanchard ein Modell mit unterschiedlichen Reifegraden der Mitarbeiter entwickelt. Reif und unreif betrifft dabei nicht nur die fachliche, sondern auch die psychologische Ebene. Sachlich reif bedeutet, der Mitarbeiter ist kompetent genug, eine ihm aufgetragene Aufgabe zu erfüllen. Eine psychologische Reife erkennst Du daran, dass der Mitarbeiter über die ausreichende Motivation verfügt, seine Aufgabe erfolgreich zu erledigen und dabei vollen Einsatz zu zeigen. Deinen Führungsstil entscheidest Du in Abhängigkeit von der jeweiligen Reife. Hersey und

Blanchard haben hierfür vier Stufen konzipiert, die jeweils unterschiedliche Strategien aufweisen.

Mitarbeiter mit geringem Reifegrad: Dirigieren

Einem Mitarbeiter, der über wenig Erfahrung und eine nicht besonders hohe Motivation verfügt, musst Du exakte Vorgaben machen und Deine Erwartungen detailliert kommunizieren. Das heißt, Du zeigst in diesem Fall eine hohe Aufgabenorientierung. Am Ende des Arbeitsprozesses steht die Kontrolle, damit Du weißt, ob die Aufgabe wirklich zu Deiner Zufriedenheit gelöst wurde.

Mitarbeiter mit mittlerem Reifegrad: Überzeugung

Bei diesem Profil behältst Du die Vorgaben der Aufgabenorientierung bei, weitest den Fokus jedoch etwas in Richtung Personenorientierung. Der Mitarbeiter kann Fragen stellen und erhält die notwendige Unterstützung. Um vorhandenes Potenzial auszubauen, solltest Du den Mitarbeiter in Phasen der Entscheidung miteinbeziehen.

Mitarbeiter mit höherem Reifegrad: Teilhabe

In vielen Teams schlummert verstecktes Potenzial. Die Angestellten verfügen über ausreichend Potenzial, scheuen sich aber davor, Aufgaben komplett alleine zu erfüllen. Mit dieser Einstellung machen sie sich das Leben unnötig schwer, weshalb Du vor allem in beratender Funktion beim Arbeitsprozess gefragt bist. Achte auch darauf, den persönlichen Kontakt zu vertiefen, da dies Selbstvertrauen aufbaut. Komplett durchstrukturierte Anweisungen musst Du hier nicht mehr geben. Schlüpfe in die Rolle eines Mentors, der Hilfe zur Selbsthilfe leistet - so schulst Du selbständiges Arbeiten und eigenverantwortliches Denken.

Mitarbeiter mit dem höchsten Reifegrad: Delegation

Wenn es einmal läuft, dann läuft es. Hoch motivierte und kompetente Mitarbeiter haben das notwendige Rüstzeug, um an sie gestellte Aufgaben im Alleingang zu erledigen. Auf diesem Level musst Du Dich weder mit Aufgaben-noch mit Personenorientierung befassen. Es kommt eher darauf an, den Mitarbeitern Freiraum zu gewähren, damit sie sich optimal entfalten können. Achte darauf, dass Du nicht nur delegierst, sondern schrittweise die Verantwortung abgibst.

Was zunächst wie Schubladendenken anmutet, ist - wie der Name des Führungsstils verrät - situativ. Das bedeutet, der Reifegrad des Mitarbeiters bemisst sich nicht pauschal, sondern hängt von der jeweiligen Aufgabe ab. Es kann also durchaus sein, dass Du ein Ass für Marketing im Team hast, das sich jedoch bei Präsentationen schwertut und daher ganz klare Anweisungen benötigt. Der situative Führungsstil ermöglicht es Dir, den vielen Situationen in einem Team gerecht zu werden. Würdest Du nur einen Kurs fahren, würden automatisch immer Teammitglieder ins Hintertreffen geraten. Entscheidest Du Dich beispielsweise für den - nicht mehr zeitgemäßen autoritären Führungsstil, demotivierst Du damit auf Dauer die Leistungsträger. In einer Laissez-faire Atmosphäre blüht vielleicht der ein oder andere kreative Kopf kurzfristig auf, doch führt die totale Anarchie dazu, dass Mitarbeiter, die Strukturen brauchen, vor lauter Freiheit gar nicht wissen, was sie damit eigentlich anfangen sollen.

Trotzdem ist auch nicht hier alles Gold, was glänzt. Du musst permanent den richtigen Reifegrad zuordnen können, um optimal auf einen Mitarbeiter einzugehen. Das kann zu Fehleinschätzungen führen und Du wählst ein Führungsverhalten, das überhaupt nicht zu dem Mitarbeiter passt. Außerdem musst Du beachten, dass die Reifegrade schwanken können, was Du in Deinem Verhalten reflektieren musst. Um zudem immer den besten Führungsstil anzuwenden, musst Du alle Stile beherrschen, was ein Mammutprojekt sein kann.

Full Range of Leadership Model

Schaust Du Dich in Deutschlands Unternehmen um, begegnet Dir häufig das Full Range of Leadership Model, das versucht, alle Varianten der Führungsstile unter einen Hut zu bekommen. Den Kern des von Avolio und Bass 1991 entwickelten Führungsstils bilden die sogenannte transaktionale und transformationale Führung. Transaktional meint dabei eine klar definierte Austauschbeziehung zwischen Dir als Führungskraft und dem von Dir geführten Mitarbeiter. Konkret bedeutet das, Du gibst klare Ziele vor und kontrollierst und trägst Sorge dafür, dass diese erreicht werden (Management by Exception). Wird das Ziel erfüllt, wartet eine Belohnung auf den Mitarbeiter (Contigent Reward). Das Ergebnis ist eine auf das Erreichen kurzfristiger Ziele ausgelegte extrinsische Motivation. Der Impuls kommt nicht aus dem Mitarbeiter selbst, sondern entsteht durch einen äußeren Reiz.

Bei einer transformationalen Führung motivierst Du Deine Mitarbeiter nicht durch äußere Anreize, sondern Du zeigst ihnen Visionen auf (Inspirational Motivation). Alternativ wirst Du durch Deine Persönlichkeit, Deine Kompetenz und Deinen Arbeitsstil selbst als Vorbild wahrgenommen (Idealized Influence). Weiterhin besteht die Möglichkeit, Deine Mitarbeiter derart zu fördern, dass Sie sich mit innovativem Denken in den Arbeitsprozess einbringen (Intellectual Stimulation) oder Du unterstützt sie individuell in ihrer Entwicklung (Individualized Consideration). Die transformationale Führung hat den Vorteil, dass durch diesen kontinuierlichen Prozess Werte und Einstellungen Deiner Mitarbeiter so verändert werden, dass langfristige Ziele in den Vordergrund rücken. Das fördert einen Angestellten ganzheitlich, denn Selbstwert, Motivation und eigenständiges Arbeiten steigern sich auf diese Weise. In Bezug gesetzt wird dieser übergeordnete Führungsstil durch Elemente der Laissez-faire-Führung, die durch die Abwesenheit von Führung charakterisiert ist.

Ein Vorteil dieses Führungsstils bietet seine Messbarkeit. Üblicherweise erfolgt das anhand des von Avolio und Bass entwickelten MLQ (Multifactor Leadership Questionaire (MLQ) sowie subjektiven und objektiven Parametern. Subjektiv wären die Arbeitszufriedenheit, das Commitment des Mitarbeiters und die Beurteilung der Leistung durch die Führungskraft. Objektive Kriterien stellen Kennzahlen, Fehltage oder der Grad des erreichten Zieles dar. Am Full Leadership Model wird manchmal ein Fehlen von strategischen und aufgabenorientierten Elementen in der Führung bemängelt. Es bietet sich an, Faktoren wie Umfeldanalyse oder die Formulierung und Implementierung von Strategien in das Modell zu integrieren. Nicht vergessen werden sollten zudem Wege der Arbeitserleichterung für die Mitarbeiter. So ergänzt, wird dieser Führungsstil zu einem höchst effektiven Mittel, nicht zuletzt aufgrund der Messbarkeit.

Der gruppenbezogene Führungsstil nach Rahn

Der Betriebswirt Horst-Joachim Rahn hat sich intensiv mit dem situativen Führungsstil beschäftigt und in Kontext mit einzelnen Gruppenmitgliedern und der Art der Gruppe gesetzt. Gemäß Rahn benötigt jeder Mitarbeiter für den Erfolg eine individuelle Behandlung. Die Behandlung richtet sich nach dem Verhalten des Geführten, seinem Erfolg und dem Benehmen in der Gruppe. Bei ihm finden sich folgende **sechs, gruppenorientierte Führungsstile**:

Anspornender Führungsstil

Hast Du es mit einem Team zu tun, dass deutlich weniger Leistung erbringt als andere Teams im Unternehmen und der Grund hierfür schlichtweg in Drückebergerei und Faulheit liegt, bist Du gefordert, die Leistungsreserven durch klar definierte Ziele zu aktivieren.

Integrierender Führungsstil

Ein Team ist ein eigener Kosmos für sich. Neulinge haben es oft genauso schwer, ihren Platz zu finden wie Mitarbeiter in der Außenseiterrolle. Hier kann es wichtig sein, dass seitens der Führungskraft Hilfen angeboten werden. Eine integrierend wirkende Führung ist ebenfalls wichtig, wenn Mitarbeiter aus verschiedenen Abteilungen zu einem neuen Team zusammengewürfelt werden.

Wertschätzender Führungsstil

Manche Mitarbeiter wirken ausgleichend bei Konflikten oder sorgen für gute Laune und eine angenehme Atmosphäre im Team. Als Vorgesetzter bist Du aufgefordert, deren Rolle entsprechend zu würdigen und ihren Beitrag für das Betriebsklima anzuerkennen.

Fördernder Führungsstil

Es gibt nicht nur Mitarbeiter, die chronisch überfordert sind, sondern manchmal ist auch das Gegenteil der Fall. Eine Unterforderung führt auf Dauer ebenfalls zu Verlust der Motivation. Hier kannst Du Anreize schaffen, indem Du Verantwortung und Kompetenzen überträgst. Das klappt auch bei Teammitgliedern, die durch polarisierendes Verhalten stark aus der Menge herausstechen. Ist Dein ganzes Team leistungsstark, setzt Du Anreize für spezielle, außergewöhnliche Gruppenleistungen und lobst zudem regelmäßig.

Ermutigender Führungsstil

Manche Arbeitnehmer brauchen Zuspruch und Unterstützung, um ihre Leistungsreserven voll auszuschöpfen. Oft ist das auch bei einer Gruppe der Fall. Vor allem, wenn vorher ein Chef ziemlich autoritär das Zepter in der Hand gehalten hat. Hier musst Du ermuntern, Anteilnahme zeigen, eine positive Grundstimmung vermitteln und viel Verständnis mitbringen, um das Selbstbewusstsein der oder des Mitarbeiters zu pushen.

Bremsender Führungsstil

Irgendeiner schießt immer über das Ziel hinaus. Zwar sind Mitarbeiter, die querdenken können, grundsätzlich ein Gewinn, doch kann ein unruhiger Innovationsgeist ein Team auch bremsen. Dasselbe gilt für Intriganten, Übereifrigen und Übermotivierten sowie dem Clown des Teams. Hier darfst Du durchaus mehr Autorität dokumentieren, um den Kurs auf die Leistungsziele einzuschlagen. Das Schlagwort lautet gütige Strenge.

Folgst Du Rahns Konzept, hast Du die Mammutaufgabe, die einzelnen Teammitglieder, aber auch das gesamte Team zu führen. Das bedeutet in letzter Konsequenz, bei jedem Mitarbeiter einen individuellen Führungsstil an den Tag zu legen. Auch wenn es in Deinem Team noch einmal Untergruppierungen gibt, brauchst Du hier die entsprechende Führungstechnik für Clowns, Unterforderte, Schüchterne und Intriganten. Rahns Argumente leuchten ein. Doch so schlüssig das Konzept ist: Während des Arbeitsalltags landest Du ganz schnell wieder in der Realität. Wenn Du versuchst, allen gerecht zu werden, vergisst Du Dich selbst dabei. Das Konzept der maßgeschneiderten Behandlung mag allenfalls in sehr kleinen Teams funktionieren. Trotzdem hilft Dir die Auseinandersetzung mit Rahns Idee, grundsätzlich für Dich herauszufinden, welche Charaktertypen in Deinem Team eigentlich verborgen sind.

Partizipativer Führungsstil

Beim partizipativen Führungsstil gibt es einige Überschneidungen mit dem kooperativen Führungsstil. Kurz gesagt, geht es darum, den Mitarbeitern Mitwirkung und Teilhabe am Unternehmensablauf zu ermöglichen, was besonders auf hoch qualifizierte Angestellte motivierend wirkt. Denn deren Wissen fließt in Entscheidungsprozesse ein, was voraussetzt, dass der Mitarbeiter bereit ist, entsprechend Verantwortung zu übernehmen. Als Führungskraft hast Du zwar das letzte Wort, musst jedoch imstande sein, Dich auch einmal zurückzunehmen. Ein typisches Beispiel wäre ein im medizinischen oder technischen Bereich tätiges Unternehmen, in dem der Vorgesetzte eine allgemeine Kompetenz und die Entscheidungsbefugnis hat, das Fachwissen für die einzelnen Bereiche jedoch bestimmten Mitarbeitern obliegt. Hierarchien sind bei diesem Führungsstil demzufolge eher flach. Bei dem Mitarbeiter entsteht so das Gefühl einer Symbiose zwischen ihm und der Führungskraft. Das stärkt das Selbstbewusstsein und aufgrund großer Erfahrung und Kompetenz in einem Gebiet erlebt sich der Angestellte nicht als Funktionsträger und Befehlsempfänger. Typisch für diesen Führungsstil sind Expertenteams, die zusammenarbeiten. Interessen des Unternehmens und der Mitarbeiter harmonieren unter diesem Führungsstil gewöhnlich besonders gut und Konflikte werden vermieden. Sind Veränderungen notwendig, zeigen sich die Mitarbeiter kooperativ, da sie ohnehin in Entscheidungsprozesse eingebunden sind. In diesem Klima wird generell eine hohe Bereitschaft zu Weiter- und Fortbildungen beobachtet.

Dieser Führungsstil ist für Einsteiger weniger geeignet, denn er erfordert zuweilen einen echten Balanceakt. Sind die Mitarbeiter zu stark eingebunden, kann es zu Situationen kommen, in denen die Autorität der Führungskraft untergraben wird. Wer zudem permanent dabei ist, Lösungen und neue Ideen zu entwickeln, vernachlässigt unter Umständen seine Routineaufgaben. Nicht zu verwechseln ist der partizipative Führungsstil mit dem Laissez- faire Stil. Denn beim partizipativen

Führungsstil existiert eine vertikale Hierarchie und der Chef ist immer noch das berühmte Zünglein an der Waage, während beim Laissez-faire Stil die Hierarchie aufgehoben ist. Der partizipierende Führungsstil kann auch als Vernetzung von Funktionen bezeichnet werden.

Der laterale Führungsstil

Schon lange wird nicht mehr überall hierarchisch geführt. Der laterale Führungsstil leitet sich von dem lateinischen Wort für Seite, latus, ab. Als Unterart des situativen Führungsstils ist laterale Führung geeignet, abteilungsübergreifend zusammenzuarbeiten. Denn in vielen Unternehmen gibt es nicht mehr klar verteilte Aufgabenbereiche, sondern es wird in netzwerkartigen Strukturen zusammengearbeitet. Die Weisungsbefugnis auf hierarchischen Führungsstilen fällt weg und an ihre Stelle treten Expertentum und Informationsfluss sowie Informationskontrolle. Für den Mitarbeiter heißt das, je nach Aufgabe nicht mehr nur einer Führungskraft, sondern mehreren verpflichtet zu sein. Das bringt automatisch eine gesteigerte Entscheidungskompetenz mit sich, denn durch zunehmendes Expertenwissen des Einzelnen werden permanent im Arbeitsablauf Entscheidungen getroffen. Die Führung erfolgt hierbei in der Regel auf Augenhöhe. Trotzdem hat der Vorgesetzte die Aufgabe, Mitarbeiter aus ganz unterschiedlichen Abteilungen mit verschiedenen Interessen und Verpflichtungen zu einem Projektteam zusammenzuschweißen und dabei noch jedem gerecht zu werden.

Das ist eine große Herausforderung, die nicht immer das gewünschte Ergebnis bringt. Denn ein Delegieren von Aufgaben wie es in hierarchischen Führungsstilen üblich ist, kann bei diesem Konzept nicht einfach übertragen werden. Eine weitere Schwierigkeit besteht darin, die gesteckten Ziele zu erreichen, mit Zeitressourcen zu haushalten und die Mitarbeiter gleichzeitig zu motivieren. Das erfordert viel Empathie seitens der Führungskraft und ein hohes Kommunikationstalent. Schließlich muss einerseits das Team zusammengehalten werden und auf der anderen Seite die Vernetzung mit anderen Abteilungen oder Kunden gewährleistet sein. Der laterale Führungsstil benötigt ein Höchstmaß an Kooperation, aber auch Vertrauen und den richtigen Gebrauch von Macht. Zudem ist für jede Abteilung und jedes Team eine Analyse notwendig, um herauszufinden, wie die beste Organisationsstruktur und Aufgabenverteilung aussehen könnte. Als Führungskraft musst Du Dich immer wieder fragen, was Du genau erreichen willst, welche Erwartungen seitens der Mitarbeiter bestehen und auf welche Art Führung Du setzt. Nur so kannst Du in diesem System Deine Rolle nachhaltig definieren. Da Du mit den Mitarbeitern Experten an Deiner Seite hast, wird die Verantwortung auf mehrere Schultern verteilt. Für Dich bedeutet das in gewisser Weise auch eine Entlastung.

Systemischer Führungsstil

Ganzheitlich und vernetzt sind Modewörter. Postuliert werden sie von der Systemtheorie, die daraus einen Führungsstil entwickelt hat. Angebracht ist dieser Stil, wenn Dein Unternehmen sich im Umbruch befindet oder immer wieder komplexe Situationen auftreten. Das ist der Fall, wenn Du als Führungskraft nicht alle relevanten Informationen erhältst, wechselseitige Abhängigkeiten existieren, die Folgen einer Handlung nicht absehbar sind oder das Unternehmen äußerlichen Faktoren stark ausgeliefert ist. In solchen Extremsituationen greifen die herkömmlichen Führungsstile nicht, da diese davon ausgehen, dass Du immer über der Sache stehst und entscheiden kannst, wann, wie und wen Du führst. Eine komplexe Situation macht Dich jedoch zum Teil der Situation, was neue Anforderungen an Dich stellt.

Du suchst in diesem Fall nach Elementen, die das gewünschte Ergebnis wahrscheinlich machen. Deine Autorität koppelst Du nicht mehr an Deine Führungsposition, sondern an die Aufgabe. Um Sicherheit in einer ungewissen Situation zu geben, versuchst Du, Vorbildfunktion einzunehmen. Statt bekannte Techniken einzusetzen, orientierst Du Dich eher an Visionen und deren Umsetzung. Deine Aufgabe als Führungskraft ist es dann, einen Weg zu ebnen, die diese Visionen ermöglichen und somit zu Erfolg und einem ruhigeren Fahrwasser führen. Selbstmanagement ist in diesem Kontext ein wesentlicher Faktor.

Kaizen

"Wandel zum Guten" könnte der japanische Begriff Kaizen übersetzt werden. Grundsätzlich ist damit eine Weltanschauung gemeint, die darauf abzielt, die Lebensbedingungen im Berufs- oder Privatleben ständig zu verbessern. Daraus entstand ein Managementkonzept, das Toyota weltbekannt gemacht hat. Ursprünglich für die Produktion konzipiert, wird Kaizen heute in vielen Unternehmen angewendet. Kaizen hat die schrittweise Optimierung der Arbeitsprozesse zum Ziel. Dies wird durch permanentes Lernen erreicht und ist somit eine langfristige Technik. Je höher Kompetenz und Selbstreflexion sind, desto leichter können ineffiziente Arbeitsabläufe enttarnt werden. So wird eine Verschwendung von Ressourcen vermieden. Verbesserungen sollen diese Fehler im System beseitigen. Ihre Wirkung wird beobachtet, bewertet und gibt den Impuls für weitere Optimierungen.

Kaizen ist eine sanfte Methode, die sich nahtlos in bereits bestehende Prozesse in einem Unternehmen einfügt. Eine Einbindung der Mitarbeiter ist unabdingbar, denn an der Quelle lässt es sich am besten herausfinden, wo Arbeitsabläufe haken. Manchmal sind es nur Kleinigkeiten wie eine gestörte Kommunikation oder überflüssige Arbeitsschritte und lange Wege. Kaizen betont die Wichtigkeit von Arbeitsgruppen, in denen die Mitarbeiter Verbesserungen diskutieren und schlussendlich umsetzen.

Das bedeutet eine Änderung der Rolle der Führungskraft. Um die Mitarbeiter zu eigenständigen Diskussion und Beteiligung an den Optimierungsprozessen zu bringen, muss die Führungskraft diesen Prozess unterstützen. Zunächst wird die Notwendigkeit derartiger Maßnahmen kommuniziert und der Nutzen herausgestellt. Übrigens: Am glaubwürdigsten ist der Chef, der seinen Mitarbeitern die Selbstoptimierung vorlebt und ein gutes Beispiel abgibt. Kaizen setzt eine gewisse Fehlerkultur voraus. Es geht nicht um Schuldzuweisungen, sondern darum, Missstände wertfrei aufzudecken, zu benennen und Maßnahmen zu ergreifen, um es in Zukunft besser zu machen. Ein positives Diskussionsklima hilft, die Optimierungsprozesse anzugehen. Kaizen steht und fällt mit der Motivation der Mitarbeiter. Hierfür muss die Führungskraft zunächst die Rahmenbedingungen schaffen und dann die Richtung vorgeben. Autoritäre Anweisungen sind zu vermeiden. Wer als Entscheider Kaizen pflegen möchte, sollte sich besser als Coach verstehen.

4.4 Sind Führungsstile überhaupt noch zeitgemäß?

Schon im Jahre 2014 erklärten deutsche Manager die etablierten Führungsstile, trotz immer wieder neuer Entwicklungen und Anpassungen, als hoffnungslos überaltet. Das ging zumindest aus Umfrage, die im Auftrag des Bundesarbeitsministeriums und der "Initiative Neue Qualität der Arbeit" durchgeführt wurde, hervor. Befragt wurden 400 Führungskräfte. Kaum einer glaubte noch daran, dass Unternehmen, die aus hierarchischen Strukturen heraus gesteuert werden, noch eine Zukunftsperspektive haben. Geht es nach dem Wunsch der Manager, gehört die Zukunft beweglichen Führungsstilen mit Netzwerken, die in der Lage sind, sich selbst zu organisieren. Im Idealfall wird die kollektive Intelligenz angezapft. Als Mittel zur Mitarbeitermotivation werden Wertschätzung, Eigenverantwortung und Freiräume zur Entscheidung genannt. Geld und andere materielle Anreize spielen eine untergeordnete Rolle. Auf die Frage, welches Rüstzeug eine Führungskraft mitbringen muss, wurden Empathie und Kooperationsbereitschaft genannt. In Deutschlands Chefetagen ist es zudem gang und gäbe, sich coachen zu lassen. Klar ist: Führen in der Zukunft bedeutet mehr Kommunikation und mehr Kooperation. Führungsstile werden kurzlebiger, da sie sich aufgrund der rasanten gesellschaftlichen Entwicklung immer wieder Revisionen unterziehen müssen. Doch was sind die **Trends**?

Adaptiver Führungsstil

Nie waren die Arbeitnehmer heterogener als heute. Zum einen unterscheiden sie sich nach Bildung, Zusatzqualifikationen und Leistungspotenzial, aber auch die ethnische Herkunft ist bunt gemischt wie nie zuvor. Das erfordert einen Führungsstil, der diesen Unterschieden Rechnung trägt. Die Führungskraft ist gefordert, sich an wandelnde Voraussetzungen der Mitarbeiter anzupassen und deren Prozess des lebenslangen Lernens zu begleiten. Betriebsinterne Beziehungsmuster werden wichtiger. Das bedeutet auch, hierarchische Muster zu durchbrechen und dem Mitarbeiter auf Augenhöhe zu begegnen.

Integrativer Führungsstil

Deutschlands Manager klagen über Fachkräftemangel. Das bedeutet, kompetente Mitarbeiter müssen an ein Unternehmen gebunden werden. Um hervorragende Kräfte zu halten, müssen Chefs aktiv auf den Angestellten zugehen und dessen Willen zur Leistung in die Unternehmenskultur einbinden. Mitarbeitergespräche mit Feedback zeigen Möglichkeiten der Führung auf, daneben ist es wichtig, Potenzial zu fördern und Angestellte auf Weiterbildungen zu schicken.

Vernetzter Führungsstil

Die Digitalisierung macht das Home-Office möglich und flexible Arbeitszeitkonzepte werden diskutiert oder sind teilweise schon umgesetzt. Das bedeutet, dass Mitarbeiter mehr mit Kunden in Kontakt stehen als zu ihrem Arbeitgeber. Zukunftsorientierte Führungskräfte wissen virtuelle Kommunikationskanäle optimal zu nutzen und schaffen so trotzdem das Gefühl der Zusammengehörigkeit und der Anbindung an das Unternehmen.

Innovativer Führungsstil

Unternehmen heute sind permanent im Wandel begriffen. Das setzt Flexibilität und Spontanität voraus. Ein innovativer Führungsstil muss sich daher auf immer neue Projekte einstellen, damit der Fortschritt des Unternehmens gewährleistet bleibt. Der Fokus liegt auf der Zusammenarbeit im Kollektiv als Teil eines gemeinsamen Lernprozesses. Innovative Impulse können und sollen dabei von jedem ausgehen.

5. Führungstechniken

Während der Führungsstil die Art und Weise bezeichnet wie ein Chef mit seinen Mitarbeitern umgeht, geht es bei der Führungstechnik um die genutzten Methoden, um organisatorische Probleme zu beheben und den Arbeitsprozess effizienter zu gestalten. Letztendlich geht es darum, dass Du die Aufgaben, die aus den Unternehmenszielen resultieren, durch einen geschicktes Verhalten gegenüber den Mitarbeitern verknüpfst, um somit das bestmögliche Endresultat zu erhalten. Weltweit sind zwischen 40 und 50 verschiedene Führungstechniken bekannt. Bei einigen handelt es sich um eigenständige Modelle, bei anderen um die Weiterentwicklung bereits bekannter Konzepte. Manche haben sich in der Unternehmenspraxis langfristig nicht bewährt, andere sind im deutschsprachigen Raum wenig bis unbekannt. Daher konzentriert sich diese Aufstellung auf die populärsten Konzepte hierzulande. Die einzelnen Managementkonzepte stehen selten komplett für sich alleine. Manche Methoden ergänzen sich hervorragend, andere schließen sich gegenseitig aus.

Führungstechniken erkennst Du an dem Namen "Management by". Doch hier ist nicht alles Gold, was glänzt. Während Management by Objectives eine weithin anerkannte Führungstechnik ist, kannst Du Dich zu Recht fragen, was es bitte mit Management by Walking Around oder Management by Reinforcement auf sich hat. Mit Management by Walking Around ist schlicht und einfach gemeint, dass Du als Führungskraft regelmäßig die Schreibtische Deiner Mitarbeiter aufsuchst und Sie zu allerhand Problemen berätst. Management by Reinforcement hingegen bedeutet, die Führungskraft lobt nach erfolgreicher Bewältigung einer Aufgabe den Mitarbeiter in der Hoffnung, damit in Zukunft eine ähnlich gute Arbeitsweise zu erreichen. Ein Kriterium an eine Führungstechnik als ein ganzheitliches Gesamt- oder Teilkonzept erfüllt das nicht. Denn eine effektive Technik beinhaltet immer ein in sich schlüssiges System von Handlungsempfehlungen für eine Führungskraft.

Die meisten Führungstechniken sind in den 1960er Jahren entstanden. Ziel ist es in der Regel, Dich als Führungskraft zu entlasten und gleichzeitig Selbständigkeit und Kreativität der Mitarbeiter zu fördern. Interpretiere Führungstechniken nicht als Anweisungen, denen Du schematisch zu folgen hast, sondern leite aus ihnen am besten Handlungsempfehlungen für Dein Führungsverhalten ab. Wenn Du die Modelle studierst, wird Dir automatisch eine inhaltliche Verflechtung mit bestimmten Führungsstilen auffallen.

5.1 Management by Objectives

Bei der Führungstechnik Management by Objectives werden für einzelne Mitarbeiter oder Teams Ziele festgelegt, die darauf ausgelegt sind, den übergeordneten Zielen eines Unternehmens Rechnung zu tragen. Die Ziele werden nach dem sogenannten **SMART-Prinzip** vereinbart:

> **S** wie spezifisch: Ein Ziel wird individuell und spezifisch für einen Mitarbeiter oder eine Abteilung festgelegt.
>
> **M** wie messbar: Die Vorgaben sind klar und der zu erreichende Erfolg ist messbar. Zum Beispiel Steigerung der Absätze in einem bestimmten Bereich oder bei einer definierten Zielgruppe.
>
> **A** wie aktiv: Die Ziele sind zwar vorgegeben, doch jeder Mitarbeiter kann deren Erreichen durch seine Einstellung und Motivation beeinflussen.
>
> **R** wie realistisch: Das Ziel muss zu erreichen sein und der Weg dorthin machbar.
>
> **T** wie terminiert: Es wird ein Zeitfenster festgelegt, innerhalb dessen das Ziel erreicht sein muss.

Hast Du das Ziel festgelegt, fokussieren die Mitarbeiter ihre Arbeit auf dessen Realisierung. Das klappt am besten, wenn Du mit dem Team oder einzelnen Mitarbeitern Zielvereinbarungsgespräche führst. Je klarer Deine Ansagen sind, desto besser kann das Ziel umgesetzt werden. Du darfst auch nicht vergessen, die Absicht hinter dem Ziel zu erläutern. Nach Ablauf des vereinbarten Zeitrahmens setzt Du Dich wieder mit Deinen Mitarbeitern zusammen. Dokumentiert wird nun der Ist-Zustand, der mit den Vorgaben abgeglichen wird. So kannst Du, aber auch Dein Team erkennen, inwieweit die Vorgaben erfüllt wurden. Gemeinsam werden Problemlösungen in dieser "Manöverkritik" erarbeitet und die nächsten Ziele für dieses oder ein neues Projekt festgelegt.

Praxisbeispiel:
Du machst Dir Gedanken über einen realistischen Zuwachs des Jahresumsatzes und um Neukundengewinnung. Anschließend bittest Du Deinen Vertriebler zum Gespräch und definierst als Zielvorgabe einen Jahresumsatz von zwei Millionen Euro und die Gewinnung von drei neuen Großkunden. Das erwartete Resultat ist klar, allerdings überträgst Du dem Mitarbeiter gleichzeitig eine Führungskompetenz, denn wie er an die Kunden kommt und den Umsatz vergrößert, bleibt ihm überlassen. Möglich wäre zum Beispiel, dass er sich besonders auf ein Produkt aus dem Portfolio konzentriert.

Damit diese Technik funktioniert, müssen alle Vorgesetzten im Unternehmen an einem Strang ziehen und nach den gleichen Prinzipien arbeiten. Schließlich muss für den Erfolg jedes Einzelziel eines Mitarbeiters mit den Unternehmenszielen übereinstimmen. Hausintern funktioniert das Kommunikationssystem derart, dass die Zielvorgaben nicht nur klar vermittelt werden können, sondern auch die erreichten Werte entsprechend weitergeleitet werden. Du solltest Dir dabei ebenfalls im Hinterkopf behalten, dass nicht über die Interessen der Mitarbeiter oder des Betriebsrates hinweg entschieden wird. Ein zu starres Korsett führt ebenso zur Demotivation wie unklar kommunizierte Ziele. Management by Objectives ist keine Eintagsfliege. Nur wenn die Voraussetzungen stimmen und tatsächlich regelmäßig der Ist-Zustand mit den Zielvorgaben abgeglichen wird, wird diese Führungstechnik von den Mitarbeitern angenommen. Konsequent angewendet, wird diese Technik auch den Bedürfnissen des Mitarbeiters von heute gerecht. Indem persönliche Ziele des Mitarbeiters unterstützt werden, entsteht eine Symbiose mit den Unternehmenszielen, was langfristig und nachweislich zu mehr Produktivität führt. Daneben profitiert der Teamgeist.

Nicht zu unterschätzen ist allerdings der Aufwand dieser Führungstechnik. Alleine die Gespräche mit Mitarbeitern und Team kosten Dich Zeit, die von der regulären Arbeitszeit abgeht. Sei Dir bewusst, dass auch der Leistungsdruck auf die Angestellten wachsen kann, wenn Ziele messbar werden und somit die Arbeit des Mitarbeiters leichter zu bewerten ist. Erfolgt eine zu starke Identifikation des Mitarbeiters mit den Zielen und er ist ausschließlich mit seinem eigenen Erfolg beschäftigt, kann das zu egoistischem Verhalten führen. Unter dem Strich ist diese Führungstechnik aufgrund der konkreten Zielorientierung und der Nachprüfbarkeit in deutschen Unternehmen nach wie vor der Spitzenreiter.

5.2 Management by Results

Auch bei dieser Führungstechnik wird davon ausgegangen, dass klare Anweisungen und Vorgaben entscheidend sind, um Mitarbeiter dazu zu bringen, ein Projekt erfolgreich abzuschließen. Dazu ist eine regelmäßige Kontrolle durch Dich als Führungskraft notwendig. Die Vorgaben erteilst Du so, dass alle Ergebnisse messbar, realistisch und überprüfbar sind. Auch hier musst Du, wie beim Management by Objectives, die SMART-Regel befolgen. Das bedeutet, als Führungskraft verwendest Du fast Deine ganze Energie darauf, die Leistungsziele vorzugeben und zu kontrollieren. Diese Technik ist weitaus autoritärer als das Management by Results. Schon 1964 wurde sie von Blake und Mouton als "Befehl-Gehorsam-Management" bezeichnet. Problemlösungen sind in diesem System nicht vorgesehen. Was zählt unter dem Strich ist das Erreichen des vorgegebenen Ziels.

Praxisbeispiel:
Management by Results ist eine Führungstechnik, die sich für den Vertrieb eignet. Wenn Du Führungskraft in einer Sportartikelfirma bist, definierst Du die Steigerung des Umsatzes und die Anzahl der Neukunden, die der Vertriebler in der von Dir festgelegten Zeitspanne gewinnen muss. Statt ihn eigene Wege gehen zu lassen, gibst Du die Wege vor, wie diese Ziele erreicht werden. Alternativ existiert auch das - mittlerweile deutlich beliebtere- Konzept, dass der Mitarbeiter sein Ziel auf seine Weise erreichen muss. Er muss sozusagen seine ganzen Managementfähigkeiten in den Prozess einbringen, um das Ziel zu erreichen. Merkst Du bei einer der Kontrollen, dass der Mitarbeiter nicht so erfolgreich ist, wie er sein sollte, kommunizierst Du entsprechende Konsequenzen.

Es wird angenommen, dass durch die ständigen Kontrollen ein Druck auf die Mitarbeiter erzeugt wird, der die Leistung des Einzelnen fördert. Hat ein Mitarbeiter das gesetzte Ziel nicht erreicht, drohen Konsequenzen. Im konkreten Fall könnte es sich dabei um die Kürzung einer Prämie handeln. Leistet ein Angestellter mehr als von ihm erwartet wurde, winkt auf der anderen Seite eine Belohnung. Diese Ergebnisorientierung in Verbindung mit hohen Anforderungen und allgegenwärtiger Kontrolle nimmt bewusst einen Konkurrenzkampf und Leistungsdruck in Kauf. Dieses autoritäre Muster steht allerdings im Widerspruch zu Erkenntnissen der Verhaltensforschung. Zu viel Druck erzeugt keine Leistungssteigerung, sondern hemmt die Produktivität. Allerdings erhältst Du auf diese Weise konkrete Zahlen, die Du mit anderen Zeitabschnitten und somit der Unternehmensstatistik vergleichen kannst. Den einzelnen Mitarbeiter kannst Du anhand messbarer Größen ebenfalls leicht beurteilen. All diese Zahlen sagen jedoch nichts darüber aus, wie Du die Unternehmensführung konkret verbessern kannst.

Die Originalvariante dieser Führungstechnik ist daher alles andere als zeitgemäß. Zudem lassen sich Ziele zwar quantitativ messen, doch sagt dies nichts über die Qualität aus. Außerdem fehlen komplett Mitsprachemöglichkeiten der Mitarbeiter. Neuinterpretationen von Management by Results versuchen daher, Leistungsvorgaben und Leistungskontrolle durch eine Absprache von Führungskraft und Mitarbeiter zu erreichen.

5.3 Management by Exception

Wenn Du auf der Suche nach einer Führungstechnik bist, die Dich als Chef entlastet, aber die Mitarbeiter zu einem Höchstmaß an Selbständigkeit erzieht, könnte Management by Exception interessant für Dich sein. Diese Technik zielt darauf ab, die Mitarbeiter Routineaufgaben am Ende völlig autark erledigen zu lassen, sodass Du als Führungskraft nur dann eingreifen musst, wenn es zu Abweichungen im Betriebsablauf kommt oder ein unvorhergesehenes Ereignis eintritt. Durch diese Führungstechnik schaffst Du vor allem in den unteren Hierarchien neue Freiräume für die Mitarbeiter, was deren Motivation anhebt. Kombinierst Du die eigenverantwortliche Arbeit mit entsprechenden Schulungen, steigt die Kompetenz des einzelnen Angestellten. Für Dich selbst bedeutet diese Führungstechnik vor allem mehr Kapazitäten, die Dir erlauben, Deine Energien für anspruchsvollere Aufgaben einzusetzen. Dieser Führungsstil wird von Fachleuten als sehr effizient bewertet.

Als Führungskraft legst Du die Parameter fest, die notwendig sind, um das Erreichen des definierten Ziels zu bewerten. Gleichzeitig definierst Du die Maßstäbe für Abweichungen vom geplanten Ergebnis. Mit diesen einmal definierten Werten führst Du regelmäßig eine Kontrolle durch. Bei großen Abweichungen greifst Du als Führungskraft ein. Zu den notwendigen Voraussetzungen zählt ein funktionierendes Informationssystem im Unternehmen. Auch Kontrolle und Berichte müssen möglich sein. Wichtig ist, dass Du sofort ein Signal erhältst, wenn die von Dir definierten Toleranzwerte überschritten werden. Den Angestellten müssen zudem die zu erreichenden Ziele kommuniziert werden - und zwar jedem einzelnen Mitarbeiter.

Praxisbeispiel:

In einer Nudelfabrik sollen die Angestellten in der Lage sein, die Produktion der Pasta eigenständig zu übernehmen. Pro Tag werden 5000 Pakete Nudeln einer

Sorte angefertigt, eine Abweichung von fünf Prozent nach oben oder unten wäre tolerabel. Die Maschine ist in der Lage, die Anzahl der produzierten Pakete zu erfassen und an eine zentrale Stelle zu melden. Sinkt die Produktion unter den Sollwert, erfolgt direkt ein Signal. So kann die Führungskraft Probleme bereits während der Produktion beheben und muss nicht bis zum Ende des Arbeitstages warten.

Wichtig bei der Führungstechnik Management by Exception ist die konsequente Umsetzung. Auch musst Du Dir über die zulässigen Toleranzwerte stets bewusst sein. Stimmen hier die Zahlen nicht, kann Dein Unternehmen Schaden nehmen. Obwohl das System darauf ausgelegt ist, den Mitarbeitern mehr Eigenverantwortlichkeit und Freiheit zu verschaffen, kann es in Einzelfällen passieren, dass die Motivation sinkt, da es sich nur um Routineaufgaben handelt. Funktioniert das Alarmsystem nicht, kann es sein, dass Mängel verborgen werden, wodurch das Produktionsziel sabotiert wird, da eine Zurechtweisung durch Dich als Führungskraft droht.

5.4 Management by Delegation

In gewisser Weise verwandt mit Management by Exception, übergeben beim Führungsstil Management by Delegation Chefs Aufgaben an ihre Mitarbeiter, um sie in Eigenregie durchzuführen. Während im Management by Exception ausnahmslos Routineaufgaben delegiert werden, sind die Anforderungen bei Management by Delegation vielseitiger. Auch komplexe Aufgaben können auf die Mitarbeiter übertragen werden. So wäre es beispielsweise möglich, eine mehrmonatige Werbekampagne einem Mitarbeiter zu überlassen. Als Führungskraft kontrollierst Du zwar regelmäßig den Fortschritt, greifst aber nicht aktiv ins Geschehen ein - auch wenn die Verantwortung für das ganze Projekt bei Dir bleibt. Deinem Mitarbeiter definierst Du Umfang der Aufgabe und zeigst mögliche Lösungswege auf. Das bedeutet ebenfalls, entsprechende Meilensteine und das Endziel zu bestimmen. Die Vertretungsbefugnisse und die für die Aufgabe notwendigen Weisungsrechte überträgst Du an den Mitarbeiter. Mindestens zu den

Zwischenetappen setzt Du Dich mit dem Mitarbeiter zusammen und führst eine Erfolgskontrolle durch. Läuft etwas schief, hast Du immer noch die Möglichkeit, einzugreifen und umzudisponieren.

Praxisbeispiel:
Als Verantwortlicher für das Onlinemarketing möchtest Du die Betreuung des firmeneigenen Facebook-Kanals an einen Mitarbeiter delegieren. Das bedeutet, hochwertigen Content zu posten und mit den Nutzern zu interagieren. Als Ziel gibst Du vor, dass die Anzahl der Fans über einen Zeitraum von sechs Monaten um zehn Prozent gesteigert werden soll, die gleiche Zuwachsrate gilt für die Ansichten der veröffentlichten Posts. Als Teilziel erwartest Du eine Steigerung um fünf Prozent nach drei Monaten. Du versiehst den Mitarbeiter mit allen Berechtigungen, den Account zu verwalten und lässt ihm ansonsten freie Hand.

Durch diese Führungstechnik lockern sich vorhandene Hierarchien. Du kannst sicher sein, dass der beste Mitarbeiter für die Aufgabe darauf angesetzt wird. Da den Angestellten gleichzeitig mehr zugetraut wird, steigt die Motivation. Du selbst wirst spürbar entlastet. Allerdings solltest Du immer mit Köpfchen delegieren, sonst fühlen sich manche Angestellten schnell als Handlanger missbraucht. Wenn Du jedoch den richtigen Personen die auf sie passenden Aufgaben zuweist, kann sich langfristig sogar das Betriebsklima verbessern. Mit wachsenden Aufgaben, die Du eigenverantwortlich an die Mitarbeiter abgibst, kann es Dir passieren, dass Du in Deiner Managementfunktion nicht mehr so stark wie zuvor wahrgenommen wirst.

5.5 Management by Motivation

Schon Konfuzius hat gesagt: "Wähle eine Tätigkeit, die du liebst und du wirst keinen Tag in deinem Leben arbeiten müssen." Das könnte der Leitsatz für Management by Motivation sein, denn hier geht es um Führung durch Begeisterung. Für Dich als Führungskraft heißt das, zunächst die Persönlichkeit und die Bedürfnisse Deiner Mitarbeiter zu analysieren. Grundlage hierfür bildet die Maslowsche Bedürfnishierarchie. Im Mittelpunkt steht die Selbstverwirklichung des Mitarbeiters durch seine Tätigkeit. Das erreichst Du, indem die Mitarbeiter in die Zielsetzung miteinbezogen werden. So wird die Autonomie des Einzelnen erhöht und anstelle von Fremdkontrolle tritt zunehmend die Eigenkontrolle. In dieser Führungstechnik, die im Gegensatz zu anderen Managementkonzepten Erkenntnisse aus der Organisations- und Motivationspsychologie beinhaltet, geht es nicht um kurzfristige, in der Regel monetäre Anreize. Um jedoch eine effektive Leistungssteigerung zu erzielen, musst Du im Vorfeld eine Liste mit Maßnahmen erstellen. Typische Beispiel hierfür wären eine Ausweitung des Verantwortungsbereichs eines Mitarbeiters oder Partizipation des Angestellten an den definierten Zielen. In der Folge steigt die Identifikation mit dem Arbeitsbereich. Auch Konflikte zwischen einzelnen Mitarbeitern oder die Kluft zwischen tatsächlicher Leistung des Einzelnen und den Ansprüchen des Unternehmens kann sich auf diese Weise verringern. Der Mitarbeiter wird zudem zu Deinem wertvollsten Kapital. Inwieweit das Konzept tatsächlich aufgeht, hängt zum einen von der charakterlichen Zusammensetzung Deines Teams ab, aber auch von Deiner Persönlichkeit als Führungskraft. Wichtig für Dich ist, Maßnahmen nie als Mittel zum Zweck zu betrachten. Ein klassischer Anreiz zur Mitarbeitermotivation wäre zum Beispiel die Aussicht, Kompetenzen durch den Besuch von Weiterbildungen und Seminaren auszubauen.

5.6 Management by Participation

Die Führungstechnik Management by Participation, auf Deutsch Beteiligung, setzt deutlich stärker auf die Mitwirkung der Mitarbeiter an Entscheidungen, die sie betreffen, als andere Methoden. Kurz gesagt, geht es hier um die Idee, dass durch die größtmögliche Identifikation eines Mitarbeiters mit den Unternehmenszielen die Motivation und Arbeitsleistung entsprechend hoch sind. Das bedeutet, eine aktive Teilhabe an der Formulierung eben dieser Ziele und das gemeinsame Treffen von Entscheidungen zusammen mit der Führungskraft. Daraus ergeben sich die Handlungsanweisungen für den Arbeitsprozess. Mitarbeiter haben so nicht das Gefühl, reine Befehlsempfänger zu sein und erhalten zudem die Möglichkeit, ihre Arbeitsprozesse und ihren Berufsalltag aktiv mitzugestalten. Konflikte zwischen den Ansprüchen der Angestellten mit der Führung und den Leistungserwartungen des Unternehmens werden merklich reduziert. Materielle Werte als Belohnung sind in diesem System sekundär, es geht viel eher um die innere Zufriedenheit eines Mitarbeiters und dessen Gefühl, nicht einfach nur ein austauschbares Glied in der Kette zu sein.

5.7 Management by Control and Decision

Das Management by Control and Direction kommt den Zuständen beim Militär ziemlich nahe. Es ist ausgesprochen autoritär und fußt auf Anweisungen und Kontrollen durch die Führungskraft. Exakt ausgearbeitete Regeln sorgen dafür, dass kein Mitarbeiter den vorgegebenen Kurs verlässt. Arbeiten werden weder verteilt noch delegiert. Eigeninitiative und Kreativität sind unter diesen Voraussetzungen weder möglich noch erwünscht. Als Vorgesetzter triffst Du im Alleingang die Entscheidungen. Diese Führungstechnik gilt heute als extrem veraltet.

5.8 Management by Crisis

Indem im Unternehmen durch die Führungskraft bewusst eine Krise herbeigeführt wird, sollen Leistung, Entscheidungsfreude, Risikobereitschaft und Flexibilität der Mitarbeiter auf den Prüfstand und schlussendlich gefördert werden. Diese Führungstechnik ist aus der Chaostheorie und dem Krisenmanagement entstanden. Wenn Du eine Krise herbeiführst, musst Du immer damit rechnen, dass aus dem Spiel Ernst wird. Vor allem dann, wenn die Mitarbeiter bemerken, dass es sich um eine Inszenierung handelte. Außerdem ist es moralisch fragwürdig, emotionale Notlagen von Mitarbeitern wie etwa die Angst vor Verlust des Arbeitsplatzes bewusst einzukalkulieren. Dieser Managementtechnik zugrunde liegen wissenschaftliche Daten, die belegen, dass in Krisenzeiten Mitarbeiter leistungsbereiter sind als während des Normalbetriebs.

Eine Krise wird nie durch ein einzelnes Problem verursacht. So können private Probleme in der Chefetage, Defizite im Personalwesen und äußere Einflüsse wie der Wegfall eines Großkunden dazu führen, dass ein Unternehmen ins Wanken gerät. Es reicht nicht aus, die Krise an sich wahrzunehmen. Mut ist gefragt, um Fehler nicht nur zu erkennen, sondern auch zu benennen. Solltest Du vorhaben, eine Krise herbeizuführen, musst Du jedoch auch einen Plan haben, wie Du wieder aus dieser Situation herauskommst. Ohne Krisenstab, der Informationen sammelt, auswertet und Entscheidungen trifft, funktioniert das nicht. Im Idealfall wird aus dem Krisenmanagement ein Lösungsmanagement, das nicht nur auf den Umbruch reagiert, sondern aktiv wird. Dazu gehört auch eine ehrliche Analyse der Krise. Entscheidungen müssen frühzeitig und nachvollziehbar getroffen werden. Letztendlich können aus einer Krise Chancen für ein Unternehmen erwachsen. Voraussetzung ist jedoch, dass alle Beteiligten bereits sind, bisherige Missstände ehrlich zu reflektieren und nach Lösungen zu suchen.

5.9 Management by Systems

Hier konzentriert sich alles auf Systemdenken. Das Unternehmen wird als eine in sich geschlossene Einheit betrachtet und die Mitarbeiter sollen sich weniger mit ihrer Abteilung als vielmehr mit dem Betrieb identifizieren. Das erfordert wenig flexible Regeln, die sich langfristig nachteilig auf die Motivation auswirken. Denn die Abläufe sind alle dokumentiert, Abweichungen und kreative Freiräume sind nicht vorgesehen. Bei den Angestellten kann der Eindruck entstehen, in einem bürokratischen System gefangen zu sein, das Anweisungen beinhaltet, die teilweise gegen den gesunden Menschenverstand sprechen. Sind Neuerungen erforderlich, reagieren die Angestellten mit Zeitverzögerung und unflexibel auf Veränderungen. Deutlich effizienter wirkt sich diese Führungstechnik auf die Verwaltung aus, da die Kontrolltätigkeiten hier gebündelt werden. Kommunikationsprobleme auf der Führungsebene reduzieren sich. Das spart nicht zuletzt auch Verwaltungskosten ein. In der Vergangenheit haben Unternehmen oft den Fehler begangen, das System einer anderen Firma einfach zu übernehmen. Da jeder Betrieb jedoch individuell ist, entsteht auf diese Weise eher Chaos. Entscheidet sich eine Führungskraft für diese Managementtechnik ist eine gründliche Implementierung des Systems erforderlich.

5.10 Management by Questions

Diese Managementtechnik ist im englischsprachigen Raum beliebter als in Deutschland. Vermutlich, weil der Erfolg nicht messbar ist. Grundsätzlich geht es darum, dass Fragen und deren Antwort neue Fragen aufwerfen. Damit diese Technik funktioniert, muss die Führungskraft, in dem Fall der Fragende, tatsächlich an einem fruchtbaren Dialog mit dem Mitarbeiter interessiert sein. Beliebt ist diese Technik in der Kreativbranche.

5.11 Welche Führungstechnik ist nun die beste?

Die eine Managementtechnik, die sich konsequent in allen Situationen anwenden lässt, gibt es nicht. Denn eine vollständige Führungstechnik müsste nicht nur sachliche und personelle Aspekte der Unternehmensleitung berücksichtigen, sondern auch Lösungen für viele Sonderfälle bereithalten. Angebracht ist es daher, wenn Du verschiedene Techniken nebeneinander verwendest oder Elemente miteinander verknüpfst und das Ergebnis mit der Unternehmensphilosophie in Resonanz geht. Die meisten Unternehmen praktizieren ohnehin eine Mischform aus verschiedenen Techniken. Eine Führungstechnik dient außerdem dazu, einen Rahmen für Deinen Führungsstil zu schaffen. Doch wie sieht das konkret aus?

Stelle Dir als Beispiel einen Sportartikelhersteller vor bei dem eine Großanfrage eines Kunden eingeht, der Waren für den Export ins Ausland benötigt. Wie sich der Umgang des Verantwortlichen im Vertrieb mit dieser Anfrage gestaltet, liegt im praktizierten Führungsstil und der daraus resultierenden Führungstechnik. Der Mitarbeiter könnte nun alle Bestandteile des Vertrages mit dem Kunden ausarbeiten, wobei der Abschluss selbst über den Tisch der Führungskraft geht. In diesem

Fall würde Management by Delegation praktiziert, denn das letzte Wort liegt beim Chef. Wird Management by Objectives angewandt, handelt der Mitarbeiter zwar autark, muss sich aber an gewisse Zielvereinbarungen mit dem Vorgesetzten halten. Dazu könnte gehören, dass mindestens fünf Vertragsabschlüsse im Monat gemacht werden müssen, der konkrete Vertragsentwurf dem Chef spätestens nach drei Tagen vorliegen muss und jede Nachfrage des Kunden binnen eines halben Arbeitstages beantwortet werden muss. Im Kleinen wird der Vertriebsmitarbeiter ebenfalls zum Manager. Noch mehr Eigenregie ist bei Management by Exception möglich. Hier würde sich der Chef nur einschalten, wenn es ein konkretes Problem gibt. Das Maximum an Managementtätigkeit des Mitarbeiters bietet Management by Results. Seitens der Führungskraft gibt es die klare Vorgabe, ein Umsatzvolumen von 100.000 Euro monatlich zu erzielen. Wie der Vertriebsmitarbeiter dorthin kommt, ist seine Angelegenheit. Im Idealfall wird er zu einem autarken Unternehmer im Unternehmen.

Eine Führungstechnik bietet Dir ein Werkzeug, um Deine Personalführung und die Mitgestaltung unternehmerischer Prozesse durch die Angestellten zu steuern und zu strukturieren. Wie auch immer Du Dich entscheidest, das Ergebnis einer korrekt angewandten Führungstechnik sollte sein:

- ✓ Du schaffst Dir Freiräume für Deine tatsächlichen Führungsaufgaben
- ✓ Du delegierst Routinearbeiten
- ✓ Deine Mitarbeiter werden selbständiger
- ✓ Motivation und Leistung der Mitarbeiter steigern sich

Es gehört zu den Kernaufgaben während Deiner ersten Zeit im Chefsessel die zum Unternehmen und auf die eigene Abteilung passenden Führungstechniken zu identifizieren und so gut es Dir möglich ist, umzusetzen.

6. Fazit: Richtig führen – was passt zu mir?

Du kennst jetzt die Basics für Dein Verhalten in den ersten Tagen am Arbeitsplatz und hast einen Überblick über jede Menge Führungsstile und Führungstechniken. Jetzt möchtest Du Strategien anwenden, die sowohl Deiner Persönlichkeit gerecht werden als auch den Ansprüchen Deiner Mitarbeiter. Natürlich kannst Du Dir einen Führungsstil herauspicken und daraus eine detaillierte Anweisung ableiten, die zu Deinem Unternehmen passt. Aber wenn Du nur starr Regeln befolgst, wirst Du auf Dauer als Führungskraft keinen Erfolg haben.

Häufig entscheidet sich eine Führungskraft zu Beginn einer Tätigkeit für einen ganz bestimmten Führungsstil und behält diese Linie dann konsequent bei. Da nichts so sehr im Wandel ist wie die Gesellschaft und damit auch die ganze Arbeitswelt, kann das zu einer Einbahnstraße werden. Schließlich ändern sich Einstellungen und Rahmenbedingungen im Unternehmen, bei den Mitarbeitern und bei den Kunden. Wenn zu autoritär geführt wird, merken die Mitarbeiter über kurz oder lang, dass auch der Chef nicht unfehlbar ist und stellen seine Entscheidungen infrage. Werden die Zügel zu sehr schleifen gelassen, etwa, weil die Führungskraft sich für Laissez-faire entscheidet, fehlt irgendwann der Schwung. Im schlimmsten Fall bedeutet der falsche oder nicht korrigierte Führungsstil den Niedergang einer ganzen Abteilung oder sogar des Unternehmens. Mitarbeiter reagieren generell nicht begeistert auf Änderungen im Führungsstil. Neuerungen werden kritisch beäugt und hinterfragt. Es gibt im Team immer Personen, die neue Entwicklungen nicht akzeptieren können oder wollen.

Bist Du innerhalb Deines Unternehmens aufgestiegen und leitest nun Dein ehemaliges Team, bringst Du schon ein gutes Gespür für die herrschende Dynamik mit. Das macht es für Dich einfacher, Dir Deine Führungsstrategie zurechtzulegen. In einem Dir unbekannten Team oder Unternehmen kann es Dir passieren, dass Du Deine Methoden anpassen musst. Mache nicht den Fehler, alles über Nacht ändern zu wollen. Ein Führungsstil sollte immer sanft angepasst werden. Am besten mischst Du Elemente einiger Führungsstile und Führungstechniken, die infrage kommen und beobachtest, was davon bei den Mitarbeitern am besten in Resonanz geht. So schaffst Du die Basis für Motivation und Veränderungen. Auf diese Weise gelingt es Dir auch, das Ruder wieder komplett in die Hand zu nehmen und unter angepassten Bedingungen zu führen. In der Praxis hat sich herausgestellt, dass eine Mischung aus autoritären und partizipativen sowie partnerschaftlichen Elementen in vielen Unternehmen optimal funktioniert. Hast Du die Mischung für Dich gefunden, sorgt das dafür, dass die Mitarbeiter Dir Respekt zollen und Du in dem Ruf stehst, konsequent, aber gleichzeitig fair und flexibel zu sein. Deinem Vorgesetzten wird auffallen, dass Du zum Wohl des Unternehmens agierst.

Auf keinen Fall solltest Du einen Führungsstil von Deinem Vorgänger übernehmen, ihn Dir von jemandem aufzwingen lassen, Dich nach einem aktuellen Trend richten oder einen erfolgreichen Manager kopieren. Mit Nachahmung erreichst Du zudem nur, Dich lächerlich zu machen, vor allem dann, wenn Du eine im Haus bereits bekannte Kraft imitierst. Langfristig wirst Du nur zufrieden und erfolgreich sein, wenn Du Deine Mitarbeiter so führst, dass Du Dich darin selbst wiederfinden kannst. Ein Patentrezept für den perfekten Führungsstil gibt es nicht. Es handelt sich eher um ein Gewürzregal, bei dem Du die unterschiedlichen Aromen so lange mischst, bis es vom Gefühl her passend ist. Durchschnittlich wechseln Führungskräfte zwischen zwei oder drei Führungsstilen ab und setzen diese mit entsprechende Führungstechniken in Kontext.

Checkliste: Das macht eine Führungspersönlichkeit aus

Auf dem Weg zu Deinem Führungsstil gibt es ein paar Dinge, über die Du Dir Gedanken machen solltest. Schließlich musst Du das, was Du von Deinen Mitarbeitern erwartest, selbst vorleben. Doch worauf kommt es an, wenn Du nach Stil und Techniken suchst, die zu Dir passen?

Sei fair

Fairness ist das, was alle Mitarbeiter von ihrem Chef wollen. Du solltest nicht den Fehler machen, vom Team Dinge zu fordern, die Du selbst nicht imstande bist zu leisten. Gerade, wenn Du autokratische Elemente in Deinen Führungsstil einbringst, ist die Balance zu wahren. Bist Du einem Mitarbeiter gegenüber ungerecht, wirkt sich das auf das ganze Team aus. Autorität zeigen bedeutet zudem nicht, auf Respekt und Wertschätzung zu verzichten. Kompetenz in verschiedenen Führungstechniken hilft Dir, gezielt bei Problemen einzugreifen. Am besten ist immer das offene Gespräch, wenn die Stimmung zu kippen droht.

Sei authentisch

Es gibt Chefs, die sind nicht in der Lage, Druck auszuüben. Entscheidest Du Dich dazu, obwohl es Deinem Charakter widerstrebt, ist der Misserfolg vorprogrammiert. Trotzdem muss die Arbeit im Team nicht leiden, wenn Du nicht der Typ für Druck bist. Führungsqualitäten bedeutet nicht, dass Du immer mit der Faust auf den Tisch hauen musst, um etwas durchzusetzen. Es geht darum, dass Deine Rolle und das damit verbundene Verhalten zu Deiner Persönlichkeit passen.

Sei selbstkritisch

Halbgott im Chefsessel? Das Konzept Ich Chef, du nix funktioniert nicht, wenn Du auf Deinem Posten bestehen willst. Wenn einer der Mitarbeiter eine bessere Idee hat, darfst Du das durchaus anerkennen und annehmen. Das gilt auch, wenn Du offensichtlich einen Fehler gemacht oder einen Mitarbeiter zu Unrecht kritisiert hast. Ein guter Chef ist in der Lage, sich zu entschuldigen und schafft es, auf Augenhöhe in den Dialog zu treten.

Sei deutlich

Es läuft nicht und der größte Fehler wäre, es einfach weiter so laufen zu lassen und Probleme unter den Teppich zu kehren. Als guter Chef werden von Dir in solchen Momenten klare Ansagen erwartet. Wichtig ist, bei den Fakten zu bleiben und niemanden persönlich anzugreifen oder gar zu beleidigen. Schreien geht überhaupt nicht. Die Aussagen "Das war Mist" hilft übrigens keinem Mitarbeiter weiter. Kritik muss immer konstruktiv sein. Die Maßnahmen, die Du danach anordnest, müssen auch anwendbar und durchsetzungsfähig sein.

Sei empathisch

Schaffe ein Klima, in dem Mitarbeiter keine Probleme haben zuzugeben, wenn es ihnen einmal nicht so gut geht. Auch wenn jemand Schwierigkeiten mit seinen Aufgaben hat, ist von Dir ein aktives Vorgehen gefordert. Kündigungen werden im Laufe Deiner Karriere unvermeidlich sein. Auch hier solltest Du in erster Linie Mensch bleiben und Deinem Team helfen, den Verlust zu verarbeiten. So wie Du auf Deine Work-Life-Balance achtest, solltest Du es auch für Deine Mitarbeiter begrüßen. Wenn jemand immer noch Arbeit mit nach Hause nehmen muss oder ständig Überstunden angeordnet werden, leidet nicht zuletzt die seelische Gesundheit der Mitarbeiter.

Sei vertrauensvoll

Als guter Chef hast Du den Überblick und vertraust auf die Leistungsfähigkeit Deiner Mitarbeiter. Du musst nicht alles alleine machen und darfst delegieren. Die Angestellten profitieren letztendlich davon.

Sei tolerant

Wo Menschen sind, da passieren Fehler. Vermeide, ein Klima zu schaffen, in dem jeder Angst haben muss, dass bei einem Fehler gleich die Kündigung droht. Das führt nur zu Mitarbeitern, die schematisch ihren Aufgaben nachkommen und keine unkonventionellen Wege wagen. Fehler sollten daher als Teil eines natürlichen Lernprozesses behandelt werden.

Sei umgänglich

Immer wieder ist von professioneller Distanz die Rede. Die ist wichtig, schließlich haben Deine Mitarbeiter nichts in Deinem Facebookprofil zu suchen und umgekehrt. Bei Feiern solltest Du Dich zurückhalten und auf keinen Fall mit einem zu hohen Alkoholpegel negativ aufbauen. Ein Chef, der sich so gehen lässt, sinkt in der Achtung der Angestellten. Ob Du mit Deinem Team nach der Arbeit auch einmal etwas essen gehst, hängt stark von der Unternehmenskultur ab. In Start-ups kommt das häufiger vor als in großen Konzernen. Gerade junge Führungskräfte verspüren das Bedürfnis, dazugehören zu wollen. Sei nicht beleidigt, wenn Du mitbekommst, dass Deine Mitarbeiter sich verabreden, Dich aber niemand einlädt. Das ist eine private Veranstaltung und hat nichts mit der Arbeit zu tun.

Führen muss man wollen, hat Alfred Herrhausen, ehemals Vorstandssprecher der Deutschen Bank einst gesagt. Gleichzeitig ist jedoch noch kein Meister vom Himmel gefallen. Erlaube Dir selbst, in Deine Rolle hineinzuwachsen und bedenke bei allen Veränderungen das Zitat eines weiteren klugen Mannes. So hat Hermann Simon, prominenter Wirtschaftswissenschaftler einst gesagt: "Die Reform beginnt an der Spitze. Die Treppe muss von oben gekehrt werden."

Selbstverständlich erhebt dieser Ratgeber keinen Anspruch auf Vollständigkeit. Das Ziel dieses Ratgebers ist es vielmehr, sich auf die wichtigsten und gängigsten Führungstechniken und Methoden zur Mitarbeiterführung zu konzentrieren und Dir diese näher zu bringen. Ich hoffe abschließend, dass mir dieser Anspruch mit dem Buch gelungen ist.

Nun wünsche ich Dir viel Erfolg beim Anwenden dieser theoretischen Inhalte in Deinem praktischen Alltag als Führungskraft.

Dein Marcel Wenddorf

Quellenverzeichnis

Avolio, B. J.; Bass, B. M. (1991): The full range of leadership development programs: based and advanced manuals, Binghamton/New York

Baumgarten, R. (1977): Führungsstile und Führungstechniken, de Gruyter Verlag, Berlin/New York

Boerner, S. (2004): Führungsstile und -konzepte. In: Handwörterbuch Unternehmensführung und Organisation. Schreyögg, G; v. Werder, A. (Hrsg.), Schaeffer-Poeschel, Stuttgart

Dehner, U.; Dehner, R. (2001): Als Chef akzeptiert – Konfliktlösungen für neue Führungskräfte, Campus, Frankfurt/Main

Drumm, H. J. (2008): Personalwirtschaft, Springer, Berlin/Heidelberg

Faerber, Y., Ströwe, C. (2004): Karrierefaktor Mitarbeiter führen, Haufe, Freiburg

Felfe, J. (2014): Transformationale Führung: neue Entwicklungen. In: Felfe, J. (Hrsg.): Trends der psychologischen Führungsforschung, Springer

Gremmers, U. (2016): Neu als Führungskraft - so werden Sie ein guter Vorgesetzter, Humboldt, Hannover

Jackenkroll, B. (2016): Deckt das Full Range of Leadership-Modell tatsächlich das gesamte Spektrum an Führungsverhalten ab? wissens.blitz (168). URL: http://www.wissensdialoge.de/full_range_leadership [Stand: 15-01-2018]

Kappler, E (2004): Management by objectives. In: Handwörterbuch Unternehmensführung und Organisation. Schreyögg, G; v. Werder, A. (Hrsg.), Schaeffer-Poeschel, Stuttgart

Neuberger, O. (2002): Führen und führen lassen – Ansätze, Ergebnisse und Kritik der Führungsforschung, UTB, Stuttgart

Rahn, H. J. (2008): Personalführung kompakt – Ein systemorientierter Ansatz, Oldenbourg, München

Rowold, J. (2014): Instrumental leadership: Extending the transformational-transactional leadership paradigm, Reiner Hamp Verlag, Zeitschrift für Personalforschung 28(3)

Rühli, E. (1995): Führungstechniken. In: Kieser, A; Reber, G.; Wunderer, R. (Hrsg.): Handwörterbuch der Führung, Schäffer-Poeschel, Stuttgart

Seemann, D. (2015): Führungsmodelle, Prüfungsarbeit, Universität Darmstadt

Sprick, A. (2013): Karriere – ein Ratgeber für junge Führungskräfte, tredition, Hamburg

Staehle, W. H. (1999): Management – Eine verhaltenswissenschaftliche Perspektive, Vahlen München

Töpfer, A. (2007): Betriebswirtschaftslehre – Anwendungs- und prozessorientierte Grundlagen, Berlin/ Heidelberg

TRAINPLAN: Führungstraining – Kompetent führen, delegieren und motivieren. URL: https://www.coaching-tools.de/fileadmin/tools/media/Freie_Tools/coaching-tool-trainplan-fuehrung-demo-skript.pdf [Stand: 12-02-2018]

Weibler, J. (2016): Personalführung, München

Wunderer, R. (2006): Führung und Zusammenarbeit, Herrmann Luchterhand Verlag, München/Neuwied

Mitarbeitermotivation lernen

Mitarbeiter – auch ältere – richtig motivieren Motivationale Aspekte der langfristigen Mitarbeiterbindung verstehen und anwenden

Malte Schabitz

1. Einführung

Mitarbeiter sind – der Name sagt es eigentlich auch – Kollegen, die *miteinander* arbeiten. Man gebraucht den Begriff bewusst als Abgrenzung zum Arbeiter, der eine vorgeschriebene und strukturierte Arbeit durchführt. Dennoch verschwimmen die Unterschiede immer mehr. Arbeiter sind heute viel mehr spezialisiert, sind in Teams zusammengefasst und den Kollegen in den Büros zunehmend gleichgestellt. Dieser Wandel hat auch Auswirkungen auf die Motivation. Bis in die Achtzigerjahre war das Gehalt der wichtigste Motivationsgrund, vor allem aus Sicht der Arbeitgeber. Die Arbeitnehmer haben schon immer Wert auf weitere Faktoren, wie Arbeitsplatz und Qualität der Arbeit, gelegt, was aber weitgehend ignoriert wurde. Selbst Peter Druckers Vorstellungen vom modernen Management brauchten Jahrzehnte, um adaptiert zu werden.
Heute ist Mitarbeitermotivation wichtiger denn je. Du wirst mit unzufriedenen Mitarbeitern schnell Probleme bekommen. Auf der anderen Seite kann die richtige Motivation ungekannte Potenziale freisetzen.

Angestellte haben heute eine bessere Verhandlungsposition, vor allem wenn sie hochqualifiziert sind. Man kann sie mit einem Traumgehalt allein nicht locken, sie können heute auf einem kleiner werdenden Angebotsarbeitsmarkt weitere Forderungen stellen. Damit Du Deine Leute bei der Stange halten kannst, wirst Du eine breite Palette an Maßnahmen brauchen, die sie motivieren können. Es gibt aber kein Geheimrezept. Du wirst die Methoden und Vorschläge Deinem Unternehmen und den Bedürfnissen der Mitarbeiter entsprechend anpassen müssen. Dabei solltest Du immer den alten Spruch der PR-Branche im Hinterkopf haben: "Der Köder muss dem Fisch schmecken, nicht dem Angler." Wenn Du es toll findest, mal mit allen Kollegen ein Wochenende am Campingplatz zu verbringen, muss das nicht heißen, dass diese auch so begeistert sind. Vor allem wenn sie ohnehin Urlaube im Zelt oder Wohnmobil verbringen.

Motivation bedeutet an erster Stelle, die Bedürfnisse der Mitarbeiter zu kennen. An zweiter Stelle steht dann, ihre Potenziale zu kennen und richtig einzuschätzen.

Motivationsmaßnahmen verfolgen dabei meistens **zwei Ziele**:

- Mitarbeiter zu halten
- Leistungen zu erhöhen

Beides wird Dir nur gelingen, wenn die Motivationsmaßnahmen auch glaubhaft sind. Schnellschüsse, wie einen kleinen Bonus auszuzahlen, wenn Deine Angestellten eine Mitarbeitervertretung ins Leben rufen wollen, bringen nichts. Übrigens muss eine Mitarbeitervertretung oder ein Betriebsrat keine schlechte Sache sein, solange Du nicht auf Konfrontationskurs gehst.

In diesem Buch sollst Du die Grundlagen der Motivation, den Zusammenhang mit den Führungsmethoden und einige wirksame Maßnahmen kennenlernen. Es wird dabei auch ausdrücklich auf ältere Menschen eingegangen, von etwa 50 aufwärts. Was motiviert sie, welche Bedürfnisse haben sie, was bringen sie einem Unternehmen?

2. Was ist Motivation?

Motivation bedeutet ursprünglich Bewegung, das Wort kommt aus dem Lateinischen. Es wird heute im übertragenen Sinne benutzt, wir wollen Menschen dazu bewegen, besser zu arbeiten, mehr zu arbeiten, zufriedener zu sein. Die Mitarbeitermotivation ist eines der wichtigsten Management-Instrumente geworden und Mitarbeiter sind ein bedeutendes Asset. Gerade in Zeiten, in denen die tatsächlichen Qualifikationen und Fähigkeiten eine immer größere Rolle spielen, müssen Unternehmen versuchen, ihre Fachkräfte zu halten. Dabei gibt es verschiedene Motivationsmodelle, die sich in den Zielgruppen, aber auch in den Altersklassen unterscheiden. Allen gemein ist, dass Motivation sowohl ein Anschub als auch ein Anreiz ist, mehr und/oder bessere Arbeit zu leisten und dieses auch selbst zu wollen.

Dabei ist Dein Personal sehr heterogen. Einen Unterschied gibt es zum Beispiel bei den Altersklassen. In einem Aufsatz über die Motivation älterer Menschen schreibt Christian Stamov Roßnagel:

> "Bei Jüngeren ist beispielsweise die Karriere ein wichtiger Treiber, sodass die Arbeitsmotivation über verschiedene Aufgaben hinweg relativ hoch ist. Selbst für Aufgaben, die mit den eigenen arbeitsbezogenen Bedürfnissen nur gering kompatibel sind, herrscht vergleichbar hohe Motivation. Anders formuliert: man nimmt um der Karriere willen bestimmte Aufgaben 'in Kauf'. Wichtig in diesem Zusammenhang: entgegen dem alltagssprachlichen Verständnis heißt Motivation nicht zwangsläufig, dass eine Aufgabe Spaß macht, sondern dass man bereit ist, sich in einer Aufgabe zu engagieren, weil man damit ein bestimmtes Ziel verfolgt. Bei Älteren gewinnt die motivationale Selektivität, also das Erstreben positiver Emotionen und das Vermeiden negativer Emotionen, größere Wichtigkeit; Karriereziele treten in den Hintergrund. Und dann ist es durchaus wichtig, ob eine bestimmte Aufgabe mit den eige-

nen Motiven kompatibel ist. Ist sie das nicht, sinkt die Motivation dafür. Und im Gegenzug kann die Motivation für andere Aufgaben durchaus steigen."[1]

2.1 Intrinsische und extrinsische Motivation

Allgemein kann man zwischen zwei Motivationsarten unterscheiden: Die Motivation, die von innen herauskommt und die Motivation, die von außen ausgelöst und gefördert wird. Die Fachbegriffe sind dafür die intrinsische und die extrinsische Motivation. Die intrinsische Motivation lässt sich mit Begriffen wie Antrieb, Bedürfnis, Wunsch oder Wille beschreiben. "Bei der intrinsischen Form ist es die Aufgabe selbst, die eine Person motiviert, wohingegen ein extrinsisch motiviertes Verhalten von äußeren Einflüssen herrührt. Dies kann zum Beispiel eine Belohnung sein, die demjenigen, der eine Tätigkeit ausführen soll, in Aussicht gestellt wird. Ein wichtiger Unterschied zwischen ex- und intrinsischer Motivation ist, dass eine von innen her motivierte Handlung grundsätzlich Freude bereitet. Intrinsisch Motivierte können sich scheinbar mühelos stundenlang mit ihrer Aufgabe beschäftigen, bei einer rein extrinsischen Motivation hingegen kann es passieren, dass die Person sich überfordert oder sogar gelangweilt fühlt."[2]

Im Unternehmen wirst Du versuchen müssen, eine Balance zu schaffen. Mitarbeiter müssen einen eigenen Grund finden, motiviert zu sein. Sehr oft sind diese Gründe in der Firmenkultur und der Vision zu finden. Wer daran glaubt, mit seiner Arbeit die Welt etwas besser zu machen und Menschen zu helfen, hat schon deshalb einen höheren Motivationsgrad. Versuche, von außen zu motivieren, können überfordern und manchmal auch hilflos wirken.
In einem kleinen Unternehmen wurde ein Mitarbeiter zum Geschäftsstellenleiter befördert. Er war zuvor schon Stellvertreter gewesen, nun lastete aber die ganze

[1] Roßnagel, C. R. (2009): Die Arbeitsmotivation älterer Beschäftigter: Eine Frage des Profils!, S. 129 f. In: Marie-Luise und Ernst Becker Stiftung: Gesundheit, Qualifikation und Motivation älterer Arbeitnehmer - messen und beeinflussen, Dokumentation der Tagung am 01. und 02. Oktober 2009 in Bonn, S. 126-150

[2] Scherny, J. (2012): Mitarbeitermotivation – eine geeignete Maßnahme gegen Unzufriedenheit am Arbeitsplatz?, S.16

Verantwortung auf ihm. Er war schon lange dabei, hatte freundschaftliche Beziehungen zu den meisten Kollegen. Aber mit der neuen Stelle und einem eigenen Büro begann er sich abzukapseln. Die Kommunikation mit Kollegen wurde immer spärlicher. Ein Kollege gab ihm den Rat, offener zu sein, aber auch mal zum Beispiel eine Runde Eis im Sommer zu spendieren, um die Laune zu steigern. Daraufhin gab er dem Kollegen 20 Euro und bat ihn, das Eis zu kaufen. Er hatte nicht verstanden, dass es nicht darum ging, einmalige Aktionen zu machen, und schon gar nicht darum, diese auch noch zu delegieren. Vielmehr hätte er das selbst machen sollen (das Team war recht klein), auch, um zu zeigen, dass er nach wie vor Teil der Mannschaft ist.

Motivation braucht nicht nur Personen, die motivieren, und solche, die motiviert werden wollen, sondern auch den **geeigneten Rahmen und die passende Umgebung**.
Eine Untersuchung in einer Bank in Bangladesch wollte herausfinden, welche Faktoren eine große Rolle spielen, damit Mitarbeiter die "Extra-Meile" gehen, also über das normale Pensum hinaus Leistungen erbringen. Es wurden Befragungen durchgeführt. Die Forscher folgerten auf der Grundlage der Untersuchungen, dass die Motivation in der Tat einen erheblichen Einfluss auf die Leistung der Mitarbeiter hat. Aus der Datenanalyse ließ sich eindeutig ableiten, dass die bei der Umfrage berücksichtigten Faktoren (extrinsische Faktoren, Bereicherung und Leistungsbewertung von Arbeitsplätzen, Beziehungen und Arbeitsplatzsicherheit, Entscheidungskompetenz, Wachstumschancen usw.) die Leistungsbereitschaft und Zielerreichung der Mitarbeiter der jeweiligen Organisation dominierten. Die Faktoren, die im Rahmen der extrinsischen Motivation wichtig sind, waren Gehalt, die finanziellen Anreize und das Vergütungspaket. Die Faktoren, die unter Bereicherung des Arbeitsplatzes und Leistungsbeurteilung als wichtig genannt wurden, waren Arbeitsumfeld, Verantwortung, Beförderung sowie Anerkennung und Wertschätzung für geleistete Arbeit. Die unter Beziehungen und Sicherheit aufgeführten Faktoren waren die Beziehungen zu Vorgesetzten, Gleichaltrigen und die Arbeits-

platzsicherheit. Darüber hinaus wurden Entscheidungsbefugnisse, Wachstumschancen und Perspektiven berücksichtigt.[3]

2.2 Motivationstheorien

Motivation ist in der Psychologie die Kunst, Bedürfnisse von Menschen befriedigen zu können und dafür eine Leistung zu bekommen. Um Menschen motivieren zu können, musst Du also wissen, was deren Bedürfnisse sind. Wissenschaftler haben sich seit Jahrhunderten Gedanken darüber gemacht, was uns antreibt und welche Bedürfnisse wir über Essen, Trinken und Vermehrung hinaus haben. Vier Modelle sind dabei die wichtigsten Ansätze.

2.3 Bedürfnispyramide nach Maslow

Abraham Maslow versteht Bedürfnisse als eine Pyramide, die aus verschiedenen Ebenen besteht. Die unterste Ebene bilden die physiologischen Bedürfnisse, wie Essen, Überleben, Wohnen. Wenn wir diese befriedigt haben, spielt als Nächstes Sicherheit eine Rolle. Darunter kannst Du Jobsicherheit verstehen, aber auch ein geregeltes Einkommen, Schutz vor Verfolgung und generell keine Angst haben zu müssen. In der dritten Ebene ordnet Maslow die sozialen Bedürfnisse an. Wir wollen mit anderen Menschen zusammen sein, suchen Geborgenheit, den Austausch, die Kommunikation mit Mitmenschen. Erst dann kommen unsere individuellen Bedürfnisse, zum Beispiel Lob von anderen, unser Selbstbewusstsein, unser Stolz. Sind alle diese Bedürfnisse erfüllt, sind wir in der Lage, uns selbst zu verwirklichen, unserem inneren Drang zu folgen und zufrieden zu sein. Maslow sagt, dass wir nach der Befriedigung einer Ebene immer die nächste als neues Ziel suchen. Es ist allerdings umstritten, ob man dies so pauschal sagen kann. Ein Mönch zum Beispiel kann sich selbst verwirklichen, ohne wirklich alle Grundbe-

[3] Nabi, N.; Islam, M.; Dip T. M., Hossain, A. A. (2017): Impact of Motivation on Employee Performances: A Case Study of Karmasangsthan Bank Limited, Bangladesh. In: International Journal of Business and Management Review, Vol. 5 (4), S. 57-78

dürfnisse erfüllt zu haben. Das Modell beschreibt auch die ersten vier Stufen als Defizitmotive, weil wir etwas nicht haben. In den höheren Ebenen spricht man von Wachstumsmotiven, weil sie uns voranbringen und wir uns verbessern können.

2.4 ERG-Theorie

Diese Theorie wurde von Clayton Alderfer als Weiterentwicklung der Maslow-Ideen entwickelt. Sie versucht die Bedürfnisse der Menschen in einem Unternehmen besser zu beschreiben. Unterschieden werden **drei Klassen**:

- **Existenzbedürfnisse** (Existence needs) – die Grundbedürfnisse, die wir zum Leben brauchen, wie Nahrung, Kleidung, aber auch Entlohnung und Geld.
- **Beziehungsbedürfnisse** (Relatedness needs) – soziale Kontakte und Beziehungen, die wir entwickeln und auch am Arbeitsplatz brauchen.
- **Wachstumsbedürfnisse** (Growth needs) – das Bedürfnis, sich weiterentwickeln zu wollen sich auch selbst verwirklichen zu können.

In der ERG-Theorie gelten einige **grundlegende Prinzipien**:

- Frustrations-Hypothese: Wenn ein Bedürfnis nicht befriedigt wird, wird es dominant.
- Frustrations-Regressions-Hypothese: Wenn ein Bedürfnis nicht befriedigt werden kann, dann wird jenes dominant, das am nächsten liegt.
- Befriedigungs-Progressions-Hypothese: Wenn ein Bedürfnis befriedigt wird, wird automatisch das nächst höhere ein neues dominantes Bedürfnis.
- Frustrations-Progressions-Hypothese: Auch auf längere Sicht hin nicht befriedigte Bedürfnisse können andere aktivieren.

Daraus kann man einige Aussagen ableiten:

- Weniger befriedigte Existenzbedürfnisse werden umso stärker.
- Weniger befriedigte Beziehungsbedürfnisse werden umso stärker.
- Weniger befriedigte Beziehungsbedürfnisse stärken Existenzbedürfnisse.
- Weniger befriedigte Wachstumsbedürfnisse stärken Beziehungsbedürfnisse.
- Wenn Existenzbedürfnisse befriedigt sind, werden die Beziehungsbedürfnisse stärker.
- Wenn die Beziehungsbedürfnisse befriedigt sind, werden Wachstumsbedürfnisse stärker.
- Selbst, wenn Wachstumsbedürfnisse befriedigt sind, werden sie noch immer stärker.

2.5 Zwei Faktoren-Theorie

Die Autoren Frederic Herzberg, Bernard Mausner und Barbara B. Snyderman veröffentlichten 1959 eine Studie unter dem Titel "The Motivation of Work", aus deren Ergebnissen sie eine Theorie für die Motivation am Arbeitsplatz ableiteten. Sie sahen dabei **zwei wichtige Faktoren**:

Die **Arbeitszufriedenheit** wird von sogenannten Motivatoren ausgelöst, die **Arbeitsunzufriedenheit** wird von Hygienefaktoren ausgelöst.

Um herauszufinden, welche Faktoren die Zufriedenheit und Unzufriedenheit beeinflussen, führten Herzberg und seine Kollegen eine Befragung durch, die auf der Methode der kritischen Ereignisse basierte. Es wurden insgesamt 1685 Personen aus unterschiedlichen Branchen und in unterschiedlichen Positionen befragt, was in den vergangenen Jahren zu großer Zufriedenheit und was zu Unzufriedenheit geführt hat. Es zeigte sich, dass beides abhängig von Ereignissen ist. Solche, die die Tätigkeiten selbst betragen und verbesserten (intrinsische Faktoren) resultieren meistens in Zufriedenheit, selten nur in Unzufriedenheit. Die extrinsischen Faktoren, die das Umfeld bestimmt, waren hingegen öfter für die Unzufriedenheit verantwortlich.[4]

Herzberg und seine Kollegen sahen als Ereignisse, die zur **Unzufriedenheit** führen können:

- Unternehmenspolitik
- Dienstaufsicht
- Vorgesetzte
- Arbeitsbedingungen
- Gehalt
- Verhältnis zu Kollegen
- Verhältnis zu Untergebenen
- Privatsphäre
- Status
- Sicherheit

Zufriedenheit kann ausgelöst werden durch:

- Leistung
- Anerkennung
- Arbeitsinhalte

[4] Haarhaus, B.: Herzbergs Zwei-Faktoren-Theorie. URL: https://arbeitszufriedenheit.net/herzbergs-zwei-faktoren-theorie/ [Stand: 11-12-2019]

- Verantwortung
- Beförderung
- Wachstum

Das Problem der Zwei-Faktoren-Theorie ist zum einen, dass sie auf nur einer Studie beruht, zum anderen, dass sie nicht eindeutig ist. Die Faktoren sind aus Befragungen extrahiert, aber nicht wieder verifiziert worden. Dennoch gibt das Modell einen neuen Blickwinkel auf die Motivation. Wie bei den meisten sozialwissenschaftlichen und psychologischen Theorien ist sie einer von vielen Erklärungsansätzen, mit teilweise recht guten Argumenten.

2.6 VIE-Theorie von Vroom

Die VIE-Theorie definiert menschliches Verhalten als eine Entscheidung, die die Wahl zwischen verschiedenen Alternativen voraussetzt und dabei stets darauf gerichtet ist, den subjektiv erwarteten Nutzen zu maximieren. Wenn Du viel arbeitest, bekommst Du viel Geld, also bist Du motiviert, viel und gut zu arbeiten. Die Abkürzung steht für **Valenz, Instrumentalität und Erwartung.**

Valenz ist die Wertigkeit eines Bedürfnisses für einen bestimmten Menschen. Sie ist variabel und nicht absolut zu beschreiben. Für den einen ist Gehalt wichtiger, für den anderen das Betriebsklima.

Unter **Instrumentalität** wird die Erwartung verstanden, die man an ein Unternehmen oder eine Organisation stellt, die Bedürfnisse auch erfüllen zu können. Man geht davon aus, dass die Organisation die Bedürfnisse befriedigen kann.

Die **Erwartung** wird unterschieden in die Wahrscheinlichkeit, dass diese Befriedigung auch wirklich stattfindet und die Erwartung, dass man mit seinem Handeln diese Befriedigung fördern oder auslösen kann.

Etwas einfacher formuliert besagt die Theorie: Wer ein Bedürfnis hat und davon ausgeht, dass ein Unternehmen auch in der Lage ist, es mit einer gewissen Wahrscheinlichkeit zu befriedigen, wird auch motiviert sein.

Der interessanteste Ansatz ist dabei wohl, dass es unterschiedliche Bedürfnisse gibt, die erfüllt werden müssen.

Eine Erweiterung ist das Modell von Porter und Lawler. Hier sind **Anstrengung, Leistung, Belohnung und Zufriedenheit** die zentralen Faktoren:[5]

Anstrengung
Als Anstrengung wird die Intensität des Einsatzes von einem Mitarbeiter bei der Erfüllung der Aufgaben bezeichnet. Welches Ausmaß an Energie wird zur Erfüllung einer Aufgabe aufgewendet, bzw. wie stark ist sein Wille, eine Arbeitsleistung einzubringen.

Leistung
Die Leistung ist das bewertete Ergebnis einer Arbeitshandlung des Unternehmens. Dieses hängt zudem von der Persönlichkeit, den Fähigkeiten sowie von der Rollenwahrnehmung des jeweiligen Mitarbeiters ab. Aufgrund dessen ist auch bei einer großen Anstrengung ein niedriges Arbeitsergebnis durchaus denkbar oder möglich.

Belohnung
Die von der Unternehmung gewährten Belohnungen können entweder intrinsischer Art (z. B. Erfolgserlebnisse, Anerkennung usw.) oder extrinsischer Art (z. B. Arbeitsplatzsicherheit, Entlohnung, usw.) sein. Die wahrgenommene Gerechtigkeit der Belohnung durch den Mitarbeiter ist äußerst wichtig für das Ausmaß der empfundenen Zufriedenheit.

Zufriedenheit

[5] Josef, H. (2016): Einfluss der Führungskraft auf die Mitarbeitermotivation, St. Andrä, S. 21

Zufriedenheit tritt letztendlich dann ein, wenn die tatsächlichen Belohnungen den Erwartungen der Mitarbeiter entsprechen oder sie gar übersteigen.

3. Motivationstypen

Es gibt Hunderte von Modellen, die Menschen und ihr Verhalten in Gruppen beschreiben. Im Folgenden sollen die Klassiker besprochen werden, die auch sehr praxisnah sind. Diese Typen findest Du in jedem Unternehmen. Sie zu kennen ist wichtig, denn jeder Typ verlangt auch nach anderen Motivationsstrategien:

> **Wortführer:** Ob Betriebsrat oder Teamleader, diese Menschen wollen führen, aber auch sich selbst darstellen.
>
> **Anerkennung-Suchende**: Ein Lob, am besten vor allen ausgesprochen, spornt diesen Typ am meisten an.
>
> **Wertgetriebener:** Dieser Typ vergräbt sich in einer wichtigen Aufgabe und geht darin völlig auf.
>
> **Generalisten**: Sie freuen sich über das Big Picture, Strategien und Pläne, setzen diese aber auch gerne mit um.
>
> **Gruppenführer**: Meistens die Bremser. Anders als der Wortführer wollen sie nicht Dinge in die Hand nehmen, sondern bewahren.

Unter anderem werden Anreize als Basismotive angesehen. Diese werden unterteilt in **4 Motivarten**:[6]

- Interindividuelle
- Intraindividuelle
- Implizierte
- Explizierte

[6] Kleppeck, S. (2019): Motivation: Definition und Anwendung – Mitarbeitermotivation.URL: https://www.personalwissen.de/motivation-mitarbeitermotivation/ [Stand: 28-11-2019]

Die interindividuellen Motive orientieren sich am Ziel, die intraindividuellen am Anreiz an sich. Implizierte Motive basieren auf gemachten Erfahrungen im Leben, explizite Motive greifen auf die Umweltbedingungen zurück.

Wie man mit kreativen Ideen diese Theorien umsetzen kann, zeigen **zwei Beispiele**:

> "Bei Sea World San Diego überreichen die Teamleiter sogenannte Spotlight-Karten an Mitarbeiter, wenn sie sehen, dass diese gute Arbeit leisten. Sie schreiben auf, was sie beobachtet haben und was ihnen daran gefällt. Dann bringen sie mindestens zwei weitere Teamleiter oder Vorgesetzte dazu, die Karte zu unterschreiben, und überreichen sie dem Mitarbeiter. Eine Kopie wird am Infobrett der Mitarbeiter ausgehängt."[7]

Hier werden Mitarbeiter durch Anerkennung motiviert, die sie öffentlich bekommen. Man kann damit die intraindividuellen und die expliziten Motive befriedigen.

> "Ein eher informeller Weg, wie man die Leistung von Teamkollegen bei der EMC Mortgage Corporation in Irving, Texas, würdigt, ist die 'Mitteilung an meinen fantastischen Teamkollegen'. Dazu werden Mitteilungen auf farbiges Papier geschrieben und dieses an der Wand im Zimmer des Teamkollegen angebracht. Dies geschieht in Abwesenheit des Betreffenden, sodass die Fanpost zu einer angenehmen Überraschung wird."[8]

Auch hier wird mit Anerkennung gearbeitet, gleichzeitig werden aber auch die sozialen Beziehungen gefestigt, es entsteht ein Wir-Gefühl.

---

[7] Mai, J. (2015): Mitarbeiter motivieren – 31 Tipps und Beispiele. URL: https://karrierebibel.de/mitarbeiter-motivieren-beispiele/ [Stand: 20-11-2019]

[8] a. a. O.

Macht und Motivation

Oftmals spielt Macht eine große Rolle bei der Motivation. Mitarbeiter verlieren die Motivation, wenn sie ihren Einfluss verlieren und können motivierter sein, wenn mehr Macht in Aussicht steht. Man kann aber auch noch andere Machtfaktoren benennen:[9]

1. "Belohnungs-Macht: Andere werden für ihr Verhalten belohnt."
2. "Bestrafungs-Macht: Andere werden für ihr unerwünschtes Verhalten bestraft."
3. "Vorbild-Macht: Diese hängt davon ab, wie oder was jemand Bestimmtes sein möchte."
4. "Experten-Macht: Personen sind auf das Wissen anderer angewiesen."
5. "Legimitierte Macht: Diese beruht auf [... dem] Verhalten nach Normen und Gesetzen einer Person, die zu beurteilen ist."
6. "Informations-Macht: Beeinflussung des Verhaltens durch Wissen einer anderen Person."

[9] Kleppeck, S. (2019): Motivation: Definition und Anwendung – Mitarbeitermotivation.Anm.: „das" wurde durch „dem" zur besseren Lesbarkeit ersetzt. URL: https://www.personalwissen.de/motivation-mitarbeitermotivation/ [Stand: 28-11-2019]

4. Arbeitszufriedenheit

Das Modell von Herzberg stellt die Zufriedenheit in den Mittelpunkt. Auch wenn das Modell selbst etwas eindimensional ist, spielt die Zufriedenheit dennoch eine große Rolle im Betrieb. Das wirst Du selbst erlebt haben, sowohl als Angestellter als auch in Führungspositionen.

"Seit Mitte der 1980er Jahre nimmt die Arbeitszufriedenheit von Beschäftigten in Deutschland in einem langfristigen Trend ab. Besonders stark ist der Rückgang bei älteren Arbeitnehmern jenseits des 50. Lebensjahres. Ansonsten zeigt sich ein Rückgang der Arbeitszufriedenheit in allen Qualifikationsstufen und in Betrieben unterschiedlicher Größe in ähnlicher Form. Im internationalen Vergleich weisen Arbeitnehmer in Deutschland eine besonders geringe Arbeitszufriedenheit auf. Die Ursachen dafür sind in Entwicklungen wie der Intensivierung der Arbeit in den Betrieben, Problemen der Vereinbarkeit von Familie und Beruf, geringen Lohnsteigerungen und wachsender Unsicherheit bezüglich der beruflichen Zukunft zu suchen."[10]

Auch wenn Menschen nominal besser dastehen als zuvor, ist die gefühlte Zufriedenheit gesunken.

Gründe für die Unzufriedenheit

In vielen Fällen ist das Gehalt der wichtigste Faktor, fast zwei Drittel der Deutschen sind mit der Höhe ihrer Vergütung nicht zufrieden. Das wirkt sich dann auch auf die Gesamtmotivation aus. Immer wieder wird in Befragungen auch angegeben, dass Vereinsamung am Arbeitsplatz ein negativer Faktor ist, ebenso wie langweilige und immer wiederkehrende Arbeitsinhalte und -schritte. Viele Arbeitnehmer wünschen sich mehr Aufstiegs- und Karrierechancen, selbst wenn das nicht immer vertikal der Fall sein muss. Auch bei der Weiterbildung können Unternehmen noch einiges investieren, um die Mitarbeiter bei Laune zu halten. Ein weiteres Manko in Befragungen sind Führungskräfte, die wenig Kompetenzen haben, keine Entschlusskraft zeigen und sich nicht durchsetzen können.[11]

---

[10] Bohulskyy, Y.; Erlinghagen, M.; Scheller, F. (2011): Arbeitszufriedenheit in Deutschland sinkt langfristig – Auch geringe Arbeitszufriedenheit im europäischen Vergleich. Aktuelle Forschungsergebnisse aus dem Institut Arbeit und Qualifikation, IAQ-Report: 2011-03

[11] geva-institut: Länderportrait Deutschland – Arbeitszufriedenheit und Führungsstil. URL; https://www.mitarbeiterbefragungen.de/mitarbeiterbefragung-laenderportraet-deutschland [Stand: 4-11-2019]

5. Was ist Mitarbeitern wichtig?

Damit Du Deine Mitarbeiter motivieren kannst, musst Du schließlich noch wissen, was ihnen besonders wichtig ist. Hier gibt es immer wieder neue Umfragen, in denen sich zwar die Gewichtung ändert, selten aber die Grundfaktoren. Diese sind:

5.1 Arbeitsplatzsicherheit

Mitarbeiter suchen nach wie vor Sicherheit, auch wenn dieser Punkt etwas an Bedeutung abnimmt. Heute gibt es kaum noch Angestellte, die seit 40 Jahren in der gleichen Firma tätig sind. Es ist dagegen üblich und oft auch von Vorteil, verschiedene Erfahrungen in unterschiedlichen Unternehmen gemacht zu haben. Dennoch gibt es die Angst vor einem plötzlichen Arbeitsplatzverlust. Mitarbeiter wollen den Zeitpunkt eines Wechsels selbst bestimmen. Gerade ältere Mitarbeiter suchen diese Sicherheit.

5.2 Erfolgserlebnisse

Zunehmend wichtiger als das Gehalt werden Erfolgserlebnisse im Job. Das können kleine Dinge sein, wie ein Geschäftsabschluss oder eine lobende Erwähnung durch Vorgesetzte, oder auch die Produkteinführung und Firmenübernahmen, an denen man mitgearbeitet hat. Angestellte suchen heute mehr denn je eine Erfüllung in ihrem Job. Sie wollen wissen, warum sie tun, was sie tun. Der Erfolg muss dabei nicht immer mit einer Beförderung oder Gehaltserhöhung belohnt werden. Viele sind heute dann zufrieden, wenn sie eine gute Arbeit abgeliefert haben und das auch anerkannt wurde.

5.3 Arbeitsbedingungen

Es gibt das Stereotyp des Start-ups, in dem es einen Tischfußball und eine teure Espressomaschine gibt, sowie Sofas und Sitzkissen zum Ausruhen, um den Mitarbeitern eine entspannte Arbeitsatmosphäre zu bieten. In der Realität haben die meisten Angestellten gar keine Zeit, Tischfußball zu spielen und holen sich lieber einen Kaffee bei Starbucks um die Ecke, damit sie mal an die frische Luft kommen. Die richtigen Arbeitsbedingungen sollten sich deshalb an den Bedürfnissen der Mitarbeiter orientieren. Dazu muss man diese auch befragen.

> In einer Spülküche wollte man dem sehbehinderten Spüler einen Gefallen tun und baute zusätzliche Lampen ein, die die Küche in grelles Licht tauchten. Der Spüler bat darum, sie wieder abzumontieren, er schaue gar nicht auf die Teller, sondern fühle mit seinen Fingern, ob sie sauber sind. Das Licht hingegen schmerzte seine Augen. Gut gemeinte Maßnahmen können deshalb oft einen gegenteiligen Effekt haben.

Manchmal reichen kleine Dinge schon aus, zum Beispiel eine aufgelockerte Anordnung von Tischen, kleine Besprechungsecken, Ruhezonen, in denen man konzentriert arbeiten kann, oder auch manchmal eine freundliche Farbgestaltung.

> Die Firma Dornseif, ein Winterdienstunternehmen, ist ein gutes Beispiel, wie eine Unternehmensphilosophie auch die kulturelle Vielfalt beinhaltet und damit die Motivation fördert. "Wir pflegen einen sehr familiären Führungsstil, der gekennzeichnet ist durch Vertrauen und Respekt. Dieser partnerschaftliche Führungsstil und die offene und mitarbeiterorientierte Führungskultur schaffen eine einzigartige Unternehmenskultur", beschreibt Dornseif seinen Ansatz auf seiner Webseite, der als "Dreamwork" sogar einen Warenzeichenschutz hat. Er bestand zunächst aus drei Säulen: Arbeits- und Gesundheitsschutz, Vereinbarkeit von Beruf und Familie und Diversität. Mittlerweile ist Umweltschutz dazugekommen. Den Beschäftigten stehen eine freie Pausenregelung, Zuschüsse bei der Kinderbetreuung und ein Homeoffice-Koffer zur Verfügung: Dieser enthält alles, was die Beschäftigten für

einen Arbeitstag zu Hause brauchen. Auch ihre Arbeitszeiten können alle Beschäftigten flexibel gestalten – sofern es nicht gerade schneit.

Wie gut das Konzept funktioniert und wie motiviert die Arbeiter sind, zeigt eine Anekdote: Damit die muslimischen Mitarbeiter beten können, wurde ein Gebetsraum eingerichtet. Die Arbeitsmoral ist aber so hoch, dass der Firmenchef die Angestellten auch manchmal daran erinnern muss, ihr Gebet nicht zu vergessen.

Der Grund für so viel Fürsorge liegt in der Arbeitsplatzbeschreibung: Schneeräumen ist zum einen saisonal bedingt, zum anderen unberechenbar, was das Wetter angeht. Es kann schon mal sein, dass es tagelang schneit und dann müssen die Arbeiter fast rund um die Uhr bereitstehen. Das geht nur, wenn sie zum einen motiviert sind, zum anderen sich aber auch keine Sorgen um ihre Familie oder die Arbeitssicherheit machen müssen.

5.4 Zeit für Privat- und Familienleben

Der Begriff Work-Life-Balance ist nicht nur ein Verkaufsargument für Managementberater, sondern entspricht zunehmend auch unserer Lebenswirklichkeit. Wir arbeiten, um zu leben, und leben nicht, um zu arbeiten. Zwar wollen wir auch durch unsere Arbeit erfüllt sein, aber unser Leben darüber hinaus ist uns ebenfalls wichtig. Hinzu kommt, dass sich Familienstrukturen ändern. Wer zum Beispiel eine Patchworkfamilie hat, wird Familienzeit anders organisieren müssen. Immer mehr Frauen wollen sowohl einen guten Job haben als auch eine Familie gründen und ausreichend Zeit für Kinder haben. Und sogar die Männer suchen, wenn auch noch auf einem recht niedrigen Niveau, mehr Möglichkeiten, mehr Zeit mit der Familie verbringen zu können. Nach Angaben das Statistischen Bundesamts vom Juni 2016 nutzen ca. ein Drittel der Väter in Deutschland Elternzeit in Verbindung mit Elterngeld. Jedoch beanspruchen rund 4/5 der Väter nur den Mindestzeitraum von 2 Monaten.[12] Eine Firma, in der man auch mal die Kinder mitbringen kann oder die gar eine Kinderbetreuung anbietet, ist nicht nur ein attraktiver Arbeitgeber, sondern wird auch ihre Mitarbeiter mehr motivieren können. Wer das Homeoffice als Alternative anbietet, kann Vätern das Leben erleichtern.

5.5 Kompetenz der Vorgesetzten

Ein großes Problem bei Firmen sind Vorgesetzte, die ihre Position durch zeitbasierte Beförderung oder schlimmer noch Beziehungen bekommen haben. Nur weil jemand 15 Jahre dabei ist bedeutet das noch nicht, dass dieser Mitarbeiter auch in der Lage ist, die Abteilung zu führen. Gleichzeitig sind Manager nicht unbedingt qualifiziert, nur weil sie in einem anderen Unternehmen erfolgreich geführt haben. Für einen Mitarbeiter ist wichtig, welche Kompetenzen der Vorgesetzte tatsächlich hat. Reine Manager, die keine Ahnung davon haben, wie die Produktion abläuft, werden kaum ihre Mitarbeiter beeindrucken können. Beim japanischen Autobauer Toyota ist es für neue Manager weltweit Pflicht, mindestens einen Tag lang in der Produktion zu arbeiten. Nur so können sie den sogenannten Shop Floor kennenlernen. Solche Trainings werden regelmäßig wiederholt, damit die Führungskräfte auch die Veränderungen und ihre Auswirkungen verstehen.

Wenn Du heute eine Softwarefirma leiten willst, musst Du Grundkenntnisse in Programmierung haben. Ein Maschinenbaubetrieb braucht auch in der Führung Ingenieure. In einer Reinigungsfirma muss auch der Chef wissen, wie richtig geputzt wird. Wenn die Mitarbeiter sehen, dass der Chef sich auch einmal selbst die Finger schmutzig macht, dann wird das einen positiven Einfluss haben.

[12] Familien in Baden-Württemberg – Report Väter (2014), Ausgabe 3/2014

Plahl, S. (2017): Die “neuen” Väter – eine Illusion? URL: https://www.swr.de/swr2/programm/neue-vaeter,broadcastcontrib-swr-20922.html [Stand: 12-12-2019]

5.6 Einen Sinn sehen

Es mag hochgestochen klingen, aber wir suchen alle einen Sinn im Leben, und die Arbeit ist Teil dieses Sinnes. In den meisten westlichen Ländern ist die Lebensqualität so hoch, dass die meisten Menschen sich keine Sorgen um essenzielle Dinge wie Nahrung und Behausung machen müssen. Wir haben fast alle genug Geld für ein recht ordentliches Leben. Damit fällt aber die Motivation "Überleben" als Lebenssinn weg. Hinzu kommt auch der weitgehende Verlust von religiösen Motiven, was die Sinnsuche nur noch verschärft. Immer mehr Arbeitende stellen sich die Frage "Warum mach ich das hier eigentlich?". Du wirst Dir vielleicht diese Frage schon selbst gestellt haben. Oftmals machen wir das, wenn wir unzufrieden sind. Wenn Du als Arbeitgeber eine gute Antwort parat hast, kannst Du dem Sinnsuchenden eine wertvolle Hilfe sein.

> KPMG, die Wirtschaftsprüfungs-, Steuer- und Beratungsfirma, hat seit Jahren eine hohe Arbeitsmoral. Etwa 80 % der 29.000 Fachkräfte sind der Meinung, dass es ein großartiger Arbeitsplatz ist. Aber die Firma wollte verstehen, was letztlich dieses Gefühl antreibt.[13]
>
> Die Analyse der jährlichen Mitarbeiterbefragung ergab, dass ein Punkt für das Engagement, die Bindung und den Stolz der Mitarbeiter besonders wichtig ist: "Ich finde, dass mein Job eine besondere Bedeutung hat und nicht nur ein Job ist." Diese Erkenntnis veranlasste die Führung, herauszufinden, wie wichtig die Werte wirklich sind. Man wusste aus anderen Studien, dass Arbeitnehmer, die glauben, dass sie einen sozialen Einfluss haben, mit ihrer Arbeit doppelt so zufrieden sind wie diejenigen, die solche Überzeugungen nicht vertreten. Die Wirtschaftsprüfer begannen Mitarbeiter-Geschichten zu sammeln, in offenen Gesprächen, in Hunderten von Interviews. Daraus leitete man das Purpose-Statement ab: "Inspire Confidence. Empower Change" (Vertrauen schaffen, Veränderungen unterstützen). Man ging aber noch wei-

[13] Pfau, B. B. (2015): How an Accounting Firm Convinced Its Employees They Could Change the World. URL: https://hbr.org/2015/10/how-an-accounting-firm-convinced-its-employees-they-could-change-the-world [Stand: 18-11-2019]

ter: In der Firmengeschichte fanden sich Beispiele, wie man half, Geschichte zu schreiben: Wie man es geschafft hatte, mit dem Lend-Lease Act das nationalsozialistische Deutschland zu besiegen. Wie man eine Lösung für finanzielle Forderungen fand, um den Grundstein für die Freilassung der US-Geiseln im Iran im Jahr 1981 zu legen; und wie man die Wahl in Südafrika prüfte, die 1994 die Wahl von Nelson Mandela bestätigte. Das führte zum Slogan "We shape history" (Wir machen Geschichte).

"Purpose-driven" ist heute ein oft gehörtes Schlagwort bei Coachingfirmen und Unternehmensberatungen, die bei der Erstellung von Visionen und Missionen helfen. Es geht darum, den Mitarbeitern einen Sinn in ihrer Arbeit zu geben, der über das Gehalt hinausgeht. So sind Mercedes-Mitarbeiter darauf stolz, beste Qualität auf die Straßen zu bringen, Arbeiter bei Pharmaunternehmen helfen dabei, Menschen gesund zu machen, Bauern ernähren die Bevölkerung. Wenn wir einen übergeordneten Sinn in unserer Arbeit sehen, dann hat das eine deutliche Auswirkung auf die Motivation. Ein Brötchenverkäufer auf dem Flugfeld des Frankfurter Flughafens, der die Mitarbeiter verköstigt, sagte dem HR-Fernsehen in einer Dokumentation: "Ich bin stolz, ein Teil dieses großen Systems Flughafen zu sein."

Den Sinn zu finden und zu sehen, ist übrigens auch eine Aufgabe von Führungskräften. Jim Rancourt, Gründer und CEO der Firma Polymersolutions, nahm sich einmal 30 Tage Auszeit. Gerüchte kamen auf, er sei in einer Entzugsklinik. Nachdem er ungefähr dreißig Tage weg war, fiel ihm auf, dass er sich in der Tat in einer Art Reha befand. Es war keine Entziehungskur von Drogenmissbrauch, sondern eine Entziehungskur von einer ebenso unheimlichen Sucht: zu viel Fokus auf Arbeit und eine außer Kontrolle geratene Work-Life-Balance. Und er probierte Surfen aus, etwas, wovor er immer Angst hatte. "Das Schwierigste ist, im Wasser zu sein und zu wissen, welche Welle man nehmen soll. Wenn man dann am Strand steht, kann man die Wellen viel besser beurteilen." Er beschloss, in Zukunft mehr Zeit am Strand zu verbringen. Seine Mitarbeiter schrieben begeistert im Blog der Firma über seine Erfahrungen.[14]

Marc Benioff, Boss von Salesforce, hat einmal gesagt: “Um wirklich erfolgreich zu sein, müssen Unternehmen eine Mission haben, die größer ist als Gewinn.” Wenn diese Mission den Mitarbeitern klar ist und sie sich damit identifizieren können, werden sie Höchstleistungen bringen können.

[14] Polymer Solutions News Team (2015): Reflections from a CEO Sabbatical. URL: https://www.polymersolutions.com/blog/reflections-from-a-ceo-sabbatical/ [Stand: 23-11-2019]

6. Was ist Mitarbeitern weniger wichtig?

Die Wichtigkeit von Faktoren wechselt natürlich immer wieder und unterliegt Trends. In den 50er Jahren war es wichtig, wie gut die Pensionskasse eines Unternehmens ist. Heute gibt es so etwas nicht mehr, und auch bezahlte Überstunden sind in Büros heute kaum mehr abzurechnen. Einige Dinge sind einfach weniger wichtig geworden. Dazu gehören:

6.1 Vorbilder

Lichtgestalten wie den Apple-Gründer Steve Jobs und Bill Gates, den Erfinder von Microsoft, gibt es nur selten, und bei Steve Jobs kann man auch darüber diskutieren, wie sehr er wirklich ein Vorbild war. In den meisten Unternehmen werden die Vorgesetzten und Vorstände nach Kompetenzen bewertet, weniger danach, ob sie Vorbilder sind. Studien haben auch gezeigt, dass man sich selbst besser motivieren kann, wenn die Vorbilder näher an der eigenen Realität sind als lebende Denkmäler, die in den Medien immer wieder angepriesen werden. Gerade bei Menschen wie Jeff Bezos und Mark Zuckerberg wird die Vorbildrolle auf den Erfolg zurückgeführt, aber nicht auf die tatsächlichen Managementfähigkeiten. Dem Amazon-Chef wird nachgesagt, einen eher autoritären Führungsstil zu haben.

6.2 Status und Titel

In den USA wird noch immer jedem Mitarbeiter ein Titel gegeben, der als Statussymbol auf der Visitenkarte geschrieben steht. In Europa sind solche Titel und der damit verbundene Status weniger wichtig. Viele junge Unternehmen machen sich sogar einen Spaß daraus und erfinden Positionen wie Chief Happiness Officer oder Spaß-Manager. Gerade bei älteren Mitarbeitern, die meistens ohnehin am Ende ihrer Karriere angelangt sind, spielen diese Faktoren keine Rolle mehr für ihre Motivation. Jüngere Mitarbeiter hingegen werden eine Beförderung, die mit einem neuen Titel verbunden ist, durchaus motivierend sehen. Meistens erachten Sie einen Aufstieg vom Junior zum Senior-Berater als sehr wertvoll.

6.3 Beziehung zu Vorgesetzten

In Strukturen, in denen immer mehr in Teams gearbeitet wird und in denen auch die Vorgesetzten eingebunden sind, spielt die persönliche Beziehung zum Chef keine große Rolle mehr. Teams und projektbezogene Arbeit lösen die klassischen Beziehungen und Geflechte auf. Man muss heute nicht mehr eine gute Beziehung zum Chef haben, weil dieser weniger Macht hat. Entscheidungen werden zunehmend transparenter und an die Kompetenz gebunden, was Willkür um einiges zurückdrängen kann. Das bedeutet nicht, dass die Beziehung gar keine Rolle spielt, sie ist nur weniger wichtig geworden. Oder anders gesagt: Es kann niemals schaden, mit dem Chef gut auszukommen.

6.4 Verantwortung übernehmen

Bei älteren Menschen, aber auch bei manchen jüngeren Angestellten, spielt die Verantwortung keine so große Rolle, wie man denken mag. Während die Senioren im Arbeitsleben genug Verantwortung hatten und da nichts mehr beweisen müssen, scheuen manche jüngeren Einsteiger diese. Hier kannst Du als Chef die Mitarbeiter schneller überfordern. Denn, auch wenn sie lernen müssen, für ihre Aufgaben auch verantwortlich zu sein, müssen sie langsam hingeführt werden. Es gibt im Übrigen auch einen Gegentrend: Manche Mitarbeiter sehen es durchaus als motivierend an, wenn ihnen mehr Verantwortung übertragen wird.[15]

[15] Gugl, P. (2014): Mitarbeitermotivation in Abhängigkeit vom Lebensalter, dargestellt am Beispiel eines Ingenieurbüros, Mittweida, S. 59

6.5 Beschäftigungsfähigkeit

Hat man lange Zeit das Alter als Grund gesehen, um den Personalstamm verringern zu können und das mit Altersteilzeit und Frühverrentung attraktiv zu machen, hat sich das Blatt gewendet. Heute stehen Arbeitsfähigkeit und Innovationsfähigkeit auch in einem komplexen Umfeld ganz oben.[16] Beschäftigungsfähigkeit bezieht sich aber auch auf die Inklusion. Arbeitsplätze, die auch von Menschen mit Einschränkungen besetzt werden können, bringen oft auch einen Mehrwert. So können Mitarbeiter mit einer Sehschwäche bei der Softwareentwicklung wertvolle Hinweise auf das Userinterface geben, Rollstuhlfahrer können beim Design von Möbeln Anregungen geben, Hörgeschädigte können visuelle Signale besser bewerten. Oftmals sind behinderte Angestellte auch loyaler und bringen Diversität und damit auch unterschiedliche Blickwinkel mit.[17]

---

[16] Toolbox Fachkräftesicherung: 2. Beschäftigungs- und Innovationsfähigkeit erhalten. URL: http://www.fachkraefte-toolbox.de/fachkraefte-gewinnen/generation-50-plus/2-beschaeftigung-erhalten/ [Stand: 5-11-2019]

[17] Toolbox Fachkräftesicherung: Erfolgreich mit Erfahrungen der Generation 50 Plus. URL: http://www.fachkraefte-toolbox.de/fileadmin/media/Projektwebsites/Fachkraefte-Toolbox/Dokumente/service/08_50Plus_090826.pdf [Stand: 6-11-2019]

7. Das Generationen-"Problem"

Wir leben heute nicht nur länger, sondern sind auch länger geistig und körperlich fit. Die Rente ab 70 ist keine Utopie mehr. Das Problem ist aber: Wo und wie sollen die Menschen arbeiten, wenn sie die 60 überschritten haben? Der Begriff "ältere Mitarbeiter" wird oft schon für die 50+-Gruppe verwendet. Diese Mitarbeiter bekommen oft wegen ihrer langen Unternehmenszugehörigkeit, aber auch Erfahrung mehr Gehalt als junge neue Kräfte. Das kann zu Neid und Missgunst führen, verleitet kostengetriebene Firmen aber auch dazu, sie als Ballast anzusehen, der in Krisenzeiten als erstes abgeworfen werden muss. Solche Einstellungen und Vorurteile helfen nicht wirklich, um ältere Mitarbeiter zu motivieren.

7.1 Vorurteile

Älteren Menschen werden von den meisten Kollegen Zuverlässigkeit und Loyalität zugeschrieben, aber kaum Innovativität und Flexibilität. Gesamtwirtschaftlich hat man nicht gerade die über 50-Jährigen gefördert. "Auf der einen Seite herrschte die ganzen Jahre eine Förderung der Frühverrentung vor, mit einer jugendzentrierten Arbeitsgestaltung. Da wir bisher an Nachwuchs keinen Mangel hatten und die Älteren früh gingen, funktionierten diese Konzepte auch sehr gut. Mittlerweile aber ist die Personalmanagementstrategie der Frühverrentung kein Zukunftsmodell; sie wirkt sich auf die Arbeitsmotivation und auf die Veränderungsbereitschaft der Betroffenen in der Regel nicht unbedingt positiv aus. Oft liegt dieses Klima 'in der Luft', dass ältere Mitarbeiterinnen und Mitarbeiter nicht mehr motiviert seien."[18]

[18] Roßnagel, C. R. (2009): Die Arbeitsmotivation älterer Beschäftigter: Eine Frage des Profils!, S. 127. In: Marie-Luise und Ernst Becker Stiftung: Gesundheit, Qualifikation und Motivation älterer Arbeitnehmer - messen und beeinflussen, Dokumentation der Tagung am 01. und 02. Oktober 2009 in Bonn, S. 126-150

7.2 Vorzüge älterer Mitarbeiter

Wenn ein Unternehmen heute Fachkräfte sucht, kann es am Markt viele leistungsfähige und hervorragende ältere Erwerbspersonen finden. Diese haben Vorteile, so sind sie seltener krank als Mitarbeiter unter 25 Jahren, sind motiviert, werden seltener noch einmal nach neuen Unternehmen suchen und sind mobil, weil meistens die Kinder aus dem Haus sind. Damit kann die Generation der über 50-Jährigen mit Fähigkeiten und Kompetenzen glänzen, die den Berufseinsteigern noch fehlen. Zwar lässt bei älterem Personal die körperliche Leistungsfähigkeit etwas nach, allerdings sind heute die meisten Arbeitsplätze an einem Schreibtisch. Außerdem können Einschränken auch mit Maßnahmen, wie Hebehilfen, aufgefangen werden. Dafür kann eine Firma auf einen reichhaltigen Erfahrungsschatz zurückgreifen und sich der meistens besseren sozialen Fähigkeiten der Senioren bedienen. Bei der Fehlervermeidung hilft, dass langjährige Mitarbeiter das Gesamtbild kennen und damit zum Beispiel Auswirkungen von Veränderungen in Prozessen besser beurteilen können. In Krisensituationen werden Ältere seltener in Panik verfallen und können Ruhe in die Belegschaft bringen.[19]

Vorteile von älteren Mitarbeitern

- Sie haben mehr Erfahrung.
- Sie haben ein umfangreiches Wissen.
- Sie kennen Prozesse genau.
- Sie können besser kommunizieren.
- Sie haben gelernt, sich und andere zu motivieren.
- Ihr Verhalten ist stabil.
- Sie sind zuverlässig und loyal.
- Sie sind meistens gelassener, wenn es Probleme gibt.

[19] Toolbox Fachkräftesicherung: 1. Warum rechnet sich die Beschäftigung Älterer? URL: http://www.fachkraefte-toolbox.de/fachkraefte-gewinnen/generation-50-plus/1-gruende-fuer-aeltere/ [Stand: 5-11-2019]

- Sie können sich besser durchsetzen und sind souveräner.
- Ihre Lebensgestaltung ist meistens abgeschlossen, was sie flexibler macht.
- Sie sind gute Analysten.

Wenn Du Dir der besonderen Fähigkeiten der älteren Mitarbeiter bewusst bist, findest Du hier auch bessere Ansätze zur Motivation. Gerade, wenn es darum geht, Aufgaben zu verteilen, können die "Senioren" mit verantwortungsvollen und schwierigen Aufgaben durchaus motiviert werden.

Die Firma KSB ist ein weltweit tätiger Hersteller von Pumpen mit über 18.000 Angestellten. Armin Zisgen begründete in einem Vortrag, warum sie sich intensiv mit älteren Mitarbeitern beschäftigen:

"Warum haben wir uns mit der Frage nach der Motivation besonders älterer Mitarbeiter beschäftigt? Am Standort Frankenthal ist bereits heute jeder Dritte von ca. 1.700 Beschäftigten über 50 Jahre alt. Wir gehen davon aus, dass in den kommenden Jahren der Anteil älterer Mitarbeiter in den Betrieben noch zunehmen wird. Dafür gibt es zwei wesentliche Gründe: Zum einen die demografische Entwicklung mit rückläufigen Geburtenzahlen und einer im Durchschnitt zunehmend älteren Bevölkerung, zum anderen die absehbare Rentengesetzgebung und der Trend zur Verlängerung der Lebensarbeitszeit. Spürbare Rentenabschläge sorgen schon heute dafür, dass sich die Arbeitnehmer einen vorgezogenen Eintritt in den Ruhestand sehr gut überlegen müssen."[20]

[20] Zisgen, A. (2005): Motivierende Arbeitsstrukturen für ältere Mitarbeiter, S. 64. In: RKW Arbeitskreis "Gesundheit im Betrieb": Älter werden im Betrieb – Dokumentation der Fachveranstaltungen, S. 63-68

8. Maßnahmen zur Verbesserung der Motivation

Als Unternehmer stehen Dir heute viele verschiedene Werkzeuge zur Verfügung, die aber den Bedürfnissen der Mitarbeiter entsprechend eingesetzt werden müssen. Es besteht immer die Gefahr, dass, wenn man einen Hammer hat, jedes Problem als Schraube verstanden werden kann. In der Personalführung ist das bei den Key Performance Index (KPI)-Zahlen passiert. Man glaubte, damit Teams und Abteilungen, aber auch einzelne Mitarbeiter motivieren zu können. Tatsächlich braucht es aber eine Vielzahl an wirksamen Maßnahmen, die individuell zugeschnitten und gewichtet werden müssen.

Die Maßnahmen können durchaus kreativ sein. Du wirst Deine Leute nicht mit einem Lehrbuch begeistern können. Vielmehr wird es Ideen brauchen, die auch manchmal etwas ungewöhnlich sind. Noelle Sment von Time Warner entwickelte zum Beispiel eine Anti-Stress-Strategie: Eine "Schlechter-Tag-Tafel". Mitarbeiter hatten darauf ihre Namen auf kleinen Magneten und konnten diese in die Schlechter-Tag-Zone schieben und damit anderen mitteilen, wie es ihnen geht. Wer unter Stress stand oder andere Probleme hatte, bekam Hilfe und Gesprächsangebote von den Kollegen. Eigentlich war die Tafel als eine Warnung gedacht gewesen, entwickelte sich aber schnell zu einem Supportsystem.

> Die Kopiererfirma XEROX hatte zur Jahrtausendwende schwer zu kämpfen. Man entschloss sich, eine Frau aus den eigenen Reihen in die Führung zu berufen. Anne Mulcahy drehte Xerox um. Sie war 1976 als Angestellte zu Xerox gekommen und stieg in verschiedenen Führungspositionen auf, bis sie 2001 zum CEO ernannt wurde. Aufgrund ihrer langjährigen Erfahrung mit Xerox wusste sie, dass das Unternehmen leistungsstarke Mitarbeiter hatte, die aber nicht motiviert waren. Mulcahy war der Ansicht, dass die Motivation der Mitarbeiter bei Xerox neben anderen wichtigen geschäftlichen Veränderungen eine wichtige Maßnahme darstellte, um das Unternehmen wieder auf die Erfolgsspur zu bringen. Einer ihrer Leitsätze war die Überzeugung,

dass Mitarbeiter für ihre Arbeit interessiert und motiviert sein müssen, um Kundenzufriedenheit zu erzielen. Mulcahy hat das Unternehmen nicht nur erfolgreich durch diese schwierige Zeit geführt, sondern konnte auch ein stärkeres und fokussierteres Unternehmen aufbauen.[21]

8.1 Die richtige Kommunikation ist wichtig

Mittels Kommunikation setzen sich Menschen mit ihrer Umwelt auseinander. Für die Führung eines Unternehmens und die Motivation der Mitarbeiter hat die Kommunikation und die Information eine enorme Bedeutung. Informations- und Kommunikationsflüsse erstrecken sich sowohl unternehmensintern (z. B. Mitarbeiter) als auch unternehmensextern (Kunden, Lieferanten, usw.). Der Erfolg des Unternehmens hängt im Wesentlichen von den Kommunikationsfähigkeiten der Führungskräfte aber auch der Mitarbeiter ab.

Die Aufgaben von Mitarbeitern können nur dann optimal wahrgenommen werden, wenn sie ausreichend und deutlich kommuniziert werden. Grundsätzlich gilt das für beide Seiten, also für Führungskräfte und auch für die Mitarbeiter. Gegenseitiges umfassendes Informieren trägt entscheidend zur Zielerreichung bzw. Erfüllung von Aufgaben bei. Aufgrund von Missverständnissen oder Informationsdefiziten kommt es in Betrieben sehr oft zu Problemen. Information und Kommunikation sind besonders wichtige Kriterien, um bei den Mitarbeitern Arbeitszufriedenheit zu erlangen. In den letzten Jahrzenten haben die Bedürfnisse der Mitarbeiter zum Beispiel nach persönlichen Kontakten zur Führungskraft eher zugenommen. Hierbei spielen sicher die unpersönliche E-Mail-Kommunikation und die arbeitsteiligen Prozesse eine sehr große Rolle. Bedeutend dabei ist auch der zunehmende Zeitmangel der Führungskräfte. Die damit seltener werdenden Kontakte zu ihren Mitarbeitern lassen Defizitgefühle entstehen. Die besten Motivationsmaßnahmen laufen ins Leere, wenn sie nicht ordentlich kommuniziert werden können. Wer sich keine Zeit für Mitarbeitergespräche nimmt, wird daraus kaum

[21] Herkimer College – Suny / Nagle, K.: 6.7 Optional Case Study – Motivation at Xerox. URL: https://courses.lumenlearning.com/suny-hccc-orgbehavior/chapter/6-7-motivation-key-for-success-the-case-of-xerox/

einen Nutzen ziehen können. Wer aber Mitarbeiter immer wieder einmal in der Produktion über die Schulter schaut und Fragen stellt, zeigt Interesse und Empathie für die Personen.[22]

In einem Essay über eine Studie der Firma White Sands in Dubai sollte vor allem die hohe Fluktuation untersucht werden. Es war aufgefallen, dass 2008 1/3 der gesamten Mitarbeiter das Unternehmen verlassen hatten. Die Mitarbeiterschaft ist eine Mischung aus verschiedenen Kulturen, Indern, Nepalesen, Philippinen, Syrern und Pakistanern. Fast alle, die den Job verlassen hatten, waren Inder und Philippinen. Die Angestellten hatten eigentlich ein gutes Gehalt und auch andere Anreize erhalten, das Unternehmen war profitabel, und trotzdem verlor man Personal. In der Studie kam heraus, dass wichtige Motivationsfaktoren fehlten.

Von den wichtigsten Faktoren

- Anerkennung oder Wertschätzung,
- Kenntnisse über Unternehmensangelegenheiten,
- rücksichtsvolle Haltung des Managements,
- Berufssicherheit,
- gutes Gehalt oder gute Löhne,
- Arbeitszufriedenheit,
- Karrieremöglichkeiten,
- gute Atmosphäre sowie
- Fachdisziplin

wurden nur Fachdisziplin und das Gehalt sowie die Berufssicherheit umgesetzt.[23]

[22] Josef, H. (2016): Einfluss der Führungskraft auf die Mitarbeitermotivation, St. Andrä, S. 47

[23] Essays, UK (2018): Case Study On Motivating Employees Management Essay. URL: https://www.ukessays.com/essays/management/case-study-on-motivating-employees-management-essay.php?vref=1 [Stand: 10-12.2019]

8.2 Mitarbeitergespräche

Eines der wirksamsten Instrumente bei der Motivation ist das Gespräch mit dem Mitarbeiter. Hier kannst Du auf die Person und seine oder ihre besonderen Bedürfnisse eingehen, versuchen, die vorhandenen Motivationen zu verstehen und darüber hinaus neue Motivationsideen zu entwickeln. Dabei solltest Du aber auch einige Grundregeln beachten.

Erkläre den Grund für das Gespräch, und zwar direkt, auch wenn Dich niemand danach fragt. Nichts ist schlimmer, als zum Boss gerufen zu werden, ohne zu wissen, worum es geht. Du kannst die Einladung entweder persönlich oder schriftlich aussprechen, natürlich auch über WhatsApp und andere Nachrichtendienste.

Ein Mitarbeitergespräch sollte nur von direkten Vorgesetzten oder Teamleitern geführt werden, die auch mit dem Mitarbeiter täglich zusammenarbeiten und diesen persönlich kennen. Das gilt sowohl für anerkennende Gespräche als auch für Kritik. Ausnahmen bestehen allerdings auch: Wenn ein Mitarbeiter eine besonders gute Idee hatte, die dem Unternehmen Geld spart oder andere herausragende Leistungen vollbracht hat, darf natürlich auch der Chef mit ihm oder ihr ein längeres Gespräch führen.

Bei einem Gespräch mit Mitarbeitern geht es immer um die Arbeitsleistung. Diese kann auch mit einem bestimmten Verhalten verbunden sein, über das Du sprechen kannst. Vermeide aber, den Charakter einer Person infrage zu stellen. Das betrifft auch Lob und Anerkennung: "Müller, das haben Sie echt gut gemacht, geniale Idee" ist besser als "Müller, Sie sind halt ein guter Denker." Übrigens kann auch Kritik motivierend sein, dann nämlich, wenn sie konstruktiv ausgeübt wird und Lösungen gemeinsam gesucht werden. "Sie sind ja eher eine langsame Person" ist nicht zielführend. Besser wäre "Wie können wir die Arbeit so einteilen, dass sie zeitgerecht gemacht werden kann?"

Solche Gespräche sind vertraulich und sollten am besten nur zu zweit geführt werden. Vermeide es, Dir Notizen zu machen, das erweckt den Eindruck eines

Verhörs, aber auch dass Du nicht voll und ganz der anderen Person zuhörst. Am besten spreche in einem abgeschlossenen Raum. Das Büro des Vorgesetzten ist nicht immer der beste Ort, weil es automatisch eine Hierarchie aufbaut. Ein neutraler Besprechungsraum ist oft besser.

Motivierende Gespräche sollten immer mit Lob und Anerkennung beginnen, selbst wenn Du Arbeits- oder Verhaltensweisen verbessern willst. Der Mitarbeiter soll eine positive Atmosphäre erleben und sich wohlfühlen. Versuche auch im Unternehmen solche Gespräche als Informationsaustausch und nicht als Chef-Untergebener-Rapport zu sehen. Versuche, die Anerkennung auch konkret an Dingen festzumachen und nicht nur generell zu halten. Dabei solltest Du aber auch nicht zu enthusiastisch werden, denn das kann schnell unglaubwürdig wirken. "Du bist unser bester Mitarbeiter" ist eine kaum haltbare Aussage und auch nicht spezifisch. "Du bist wirklich gut im Verkauf und eine wertvolle Stütze" hingegen beschreibt die Leistung schon besser und genauer.

Eine besondere Form des Mitarbeitergesprächs ist die Personalbeurteilung. Hier geht es um die Bewertung der Arbeitsleistung, aber auch der Performance insgesamt. Bei der Personalbeurteilung soll mit dem Mitarbeiter offen und ehrlich über seine Leistung gesprochen werden. Man will über sein Potenzial sprechen und gemeinsam Strategien entwickeln, wie die Karriere langfristig gestaltet werden kann.[24]

Dabei kannst Du **verschiedene Wege** gehen:

Die Leistung beurteilen

Hierbei werdet ihr gemeinsam die in den vergangenen Wochen oder Monaten erbrachte Leistung besprechen. Es geht meistens darum, ob vorher besprochene Ziele erreicht wurden, warum sie erreicht wurden oder warum nicht. Die Leistung

[24] Gürthner, B. (2005): Motivationsmanagement als Führungsaufgabe. Online-Lehrbuch-Verhaltensprozesse. URL: http://www.online-lehrbuch-bwl.de/lehrbuch/kap4/motivmgt/motivmgt.pdf [Stand: 26-11-2019]

kann aber auch auf andere Art und Weise gemessen werden, gerade wenn in Teams gearbeitet wird. Dann geht es auch um subjektive Bewertungen, wie sehr man sich ins Team eingebracht hat. Leistung kann durchaus in Zahlen ausgedrückt werden, gerade bei Mitarbeitern, die im Verkauf arbeiten oder in der Produktion. Bei Angestellten in der Verwaltung wird das schon schwieriger und Du wirst eventuell andere Beurteilungsmaßnahmen finden müssen.

Ziel des Gesprächs ist immer, den Status quo zu besprechen und herauszufinden, wo man den Mitarbeiter noch mehr unterstützen kann. Die Leistungsbeurteilung ist deshalb eine hervorragende Maßnahme, wenn sie konstruktiv und in die Zukunft gerichtet erfolgt. Wenn Deine Angestellten das Gefühl haben, dass diese Gespräche sie voranbringen und nicht als Kritik verstanden werden, dann wird sie das mit Sicherheit motivieren. Und sei es nur, dass ihnen die Angst genommen wird.

Das Potenzial besprechen

In einem Gespräch mit dem Mitarbeiter kannst Du auch diskutieren, welches Potenzial vorhanden ist und welche möglichen Karrierechancen bestehen. Dabei geht es nicht darum, Versprechungen zu machen, die Du später nicht halten kannst. Vermeide auch die berühmte "Wo sehen Sie sich in 5 Jahren?"-Frage zu stellen, so lange kann heute niemand mehr planen. Vielmehr willst Du wissen, welches Potenzial die andere Person in sich sieht, wo sie oder er gerne hinmöchte, welche Positionen im Unternehmen man interessant findet. Du kannst dann auch offen Deine Einschätzung geben und sagen, in welchen Bereichen Du noch Entwicklungspotenzial siehst. Damit kannst Du recht gut den Angestellten motivieren, sich weiterzuentwickeln, um später vielleicht Deine Wunschposition besetzen zu können.

Die 360-Grad-Analyse

Bei dieser Methode geht es darum, ein möglichst umfassendes Bild des Mitarbeiters zu bekommen. Neben dem Gespräch mit Vorgesetzten fließen hier auch die Einschätzungen des Mitarbeiters selbst, seiner Kollegen, seiner Kunden, aber auch

vorhandene Daten mit ein. Je mehr Informationen vorliegen, umso umfassender kann die Beurteilung werden.
Vorsicht: Diese große Analyse ist nicht für jeden Mitarbeiter geeignet und kann schnell als komplette Durchleuchtung verstanden werden. Dort, wo sie vorsichtig eingeführt und entsprechend kommuniziert wird, ist sie eine gute Methode, um Stärken und Schwächen aufzuzeigen und daraus gemeinsam Handlungsstrategien zu entwickeln. Du wirst durch die unterschiedlichen Kanäle viele Informationen bekommen, was die Qualität der Beurteilung um einiges erhöht. Die Einbindung externer Quellen zeigt auch, dass Du ein breites Interesse hast und ein ganzheitliches Bild haben willst.

Mitarbeiter können mit diesem Rundumblick viel über sich selbst erfahren. Das kann sie motivieren, an den Schwächen zu arbeiten. Aber auch die Nennung von Stärken, vor allem wenn sie aus vielen verschiedenen Richtungen kommt, kann einen großen Motivationsschub auslösen.

Führungskräftebewertung

Eine recht neue Methode ist die Bewertung der Führungskräfte durch die Mitarbeiter. Das wird meistens in Form von Fragebögen durchgeführt und soll der Führungskraft ein konstruktives Feedback geben. In seiner Arbeit "Vorgesetztenbeurteilung als Modernisierungsaspekt" beschreibt Dennis Gawronski die Motive für einen solchen Schritt:

> "Im Blickpunkt der Vorgesetztenbeurteilung befindet sich das Verhältnis Vorgesetzter zu Mitarbeiter mit der Zielstellung einer verbesserten Führungsbeziehung bzw. Kommunikation zwischen diesen beiden Hierarchieebenen. Die Vorgesetztenbeurteilung soll als reines Instrument der Personalentwicklung verstanden werden und dem Vorgesetzten ein Feedback über sein wahrgenommenes Verhalten seitens der Mitarbeiter geben, ohne dass er negative Konsequenzen, wie zum Beispiel den Verlust des Arbeitsplatzes, fürchten muss. Die Gründe solcher Überlegungen für ein Feedback sind vielfältig. Zum einen kann ein schlechtes Betriebsklima bzw. Kritik der

> Mitarbeiter zum Führungsverhalten ihrer Vorgesetzten ausschlaggebend für einen Feedbackprozess sein. Zum anderen kann aber auch ein Soll-Ist-Abgleich der im Unternehmen verankerten Führungsleitlinien als Anstoß dienen."[25]

Das Problem bei den Befragungen liegt in den Fragebögen. Hier können die Fragen selbst schon Tendenzen in den Antworten festlegen. Zum Beispiel wird die Frage "Wie zufrieden bist Du mit Deinem Chef?" und die Frage "Wie unzufrieden bist Du mit Deinem Chef" zu durchaus unterschiedlichen Ergebnissen führen können. Es gibt mittlerweile viele verschiedene Versionen von Standardfragebögen, die auch etwas an Dein Unternehmen angepasst werden können. Das Regierungspräsidium Stuttgart_hat zum Beispiel eine recht große Befragung der Mitarbeiter gemacht, in der diese ihre Zufriedenheit ausdrücken konnten.

Eine weitere Herausforderung ist die Auswertung von den langen, teils mehrseitigen Fragebögen. Du wirst zwar Trends erkennen können, aber selbst auf einer Skala von 1-5 kann man nicht genug in die Tiefe gehen. Eine einfache Methode, vor allem in kleineren und mittleren Unternehmen ist, etwa 5 bis 10 offene Fragen zu stellen und die Mitarbeiter diese schriftlich beantworten zu lassen. Zwar wirst Du die Texte auch durchlesen müssen, Du bekommst aber meistens ein umfassenderes Bild von der Lage im Betrieb. Für den Mitarbeiter fühlt es sich auch wesentlich besser an, seine Meinung in eigenen Worten darzulegen, statt nur Kreuzchen zu machen. Füge am Ende auf jeden Fall noch ein Feld ein, in dem man sonstige Anmerkungen machen kann.

In diesem Zusammenhang kannst Du auch ein Beschwerdemanagement einführen. Mitarbeiter werden dadurch motiviert, auf Fehler und Probleme hinzuweisen. Das Wort Beschwerde mag in diesem Zusammenhang etwas harsch klingen, Du kannst es auch einfach Feedback-Management nennen.

---

[25] Gawronski, D. (2011): Vorgesetztenbeurteilung als Modernisierungsaspekt, S. 6

Letztlich geht es darum, Feedback von Mitarbeitern über die Führung auch in Einzelfällen zuzulassen und in einem Prozess zu verarbeiten. Es ist eine Frage der Haltung, wie man mit solchen Beschwerden umgeht. Die normale Reaktion von Vorgesetzten ist in vielen Fällen, das Problem zu verneinen, kleinzureden oder schlicht abzulehnen. Man will keine Fehler zugeben, will diese nicht nach oben kommunizieren oder hat schlicht keine Zeit oder Lust das Problem zu lösen. In einem modernen Unternehmen wirst Du mit dieser Haltung aber nicht weit kommen. Stattdessen muss jede Beschwerde im Sinne eines Quality Managements ernst genommen werden. Es ist wichtig, zunächst alle Informationen, die man benötigt, zusammenzutragen. Das bedeutet vor allem zuzuhören und nicht gleich eine Meinung zu haben oder zu argumentieren. Erst dann kannst Du überlegen, ob die Beschwerde gerechtfertigt ist oder nicht und entsprechende Schritte zur Behebung einleiten oder erklären, warum Du glaubst, dass man das Problem nicht so einfach lösen kann oder es nicht in dem Umfang besteht, wie es geschildert wurde. Versuche dabei auf jeden Fall, persönliche Anschuldigungen zu vermeiden.

Die Möglichkeit, Beschwerden vorzubringen, Ideen einzubringen und auch Vorgesetzte bewerten zu können, kann ein großer Motivator sein. Es zeigt, dass Dein Personal als aktiver Teil des Unternehmens verstanden wird. Die Mitarbeit auch außerhalb der Arbeitsplatzbeschreibung wird von Angestellten sehr geschätzt und kommt oft genug zu kurz.

8.3 Kreativität und Innovation

Ein Wunsch, der von Mitarbeitern in Umfragen immer wieder geäußert wird, ist, auch kreativ tätig sein zu dürfen. Eine Arbeit, die jeden Tag gleich ist, wird nicht mehr als zeitgemäß empfunden. Selbst in der Verwaltung gibt sich niemand mehr mit “Knicken, Lochen, Abheften” zufrieden. Angestellte wollen herausgefordert werden, sich aber auch selbst einbringen dürfen. Das kann auf vielfältige Art und Weise geschehen.

Internes Vorschlagswesen

Die einfachste Form, Mitarbeiter mitarbeiten zu lassen, sind Vorschläge, wie etwas verbessert werden kann. Damit gibst Du Deinen Angestellten ein wenig Verantwortung für die gesamte Firma, zeigst aber auch, dass ihre Meinung wichtig ist und zählt. Bei älteren Mitarbeitern, die eine gewissen Erfahrung mitbringen, sind solche Ratschläge manchmal mehr wert als die Arbeit externer Berater. Es gibt verschiedene Methoden, wie man so ein Vorschlagswesen einreichen kann. Je einfacher, desto besser. Bei kleineren und mittleren Firmen kann das an den Vorgesetzten, an das Team oder die Abteilung, aber durchaus auch an die Geschäftsleitung gemeldet werden. In jeder Firma kann immer etwas verbessert werden, und es gibt den Vorschlagenden ein gutes Gefühl, wenn sie ihre Ideen verwirklicht sehen. Du solltest übrigens alle Ideen annehmen und prüfen, und niemals gleich als "geht nicht" verwerfen.

Kreative Zeit

Die Firma Google ist wohl am bekanntesten dafür, ihrem Personal kreative Zeit für eigene Projekte zu geben. Der Gründer Larry Page gab beim Börsengang bekannt, dass Google-Mitarbeiter 20 Prozent der Zeit für eigene Projekte nutzen können, sofern diese dem Unternehmen nutzen. Angeblich ist Gmail daraus entstanden. 20 Prozent ist eine Menge und die Realität zeigte, dass nur wenige Google-Angestellte diese Zeit auch wirklich nutzen.[26] Das bedeutet aber nicht, dass das Konzept an sich falsch ist. Die besten Ideen kommen einem selten am Schreibtisch, sondern unter der Dusche, beim Joggen oder auf dem Nachhauseweg. Mitarbeiter sollen kreative Freiräume haben, auch was die Zeit angeht. Innovation bezieht sich heute nicht nur auf ein neues Produkt, sondern auch auf die Verbesserung interner Prozesse oder die Schaffung neuer Märkte. Ob die Zeit prozentual für alle gleich sein muss oder aber den Mitarbeitern überlassen wird, bleibt Dir überlassen. Am besten ist es, wenn sie die Zeit und die Ideen aber notieren und

---

[26] D'Onfro, J. (2015): The truth about Google's famous '20% time' policy. URL: https://www.businessinsider.com/google-20-percent-time-policy-2015-4 [Stand: 2-12-2019]

teilen. Es ist auf jeden Fall ein Vertrauensvorschuss, den Du gibst. Und das wird Dein Personal auch zu schätzen wissen und es entsprechend sinnvoll nutzen.

Teamarbeiten

Zwar nimmt die Arbeit im Team immer mehr zu, dennoch gibt es in manchen Firmen noch einiges an Entwicklungspotenzial. Teamarbeit motiviert Menschen, weil wir am liebsten in der Gruppe arbeiten und leben. Zwar müssen wir uns dann auch bestimmten gruppendynamischen Prozessen aussetzen, das nehmen wir aber gerne in Kauf. In der Gruppe können wir uns beweisen, bekommen aber auch Unterstützung und können selbst Hilfe anbieten. Teams sind in vielen Fällen produktiver und effizienter, die Teammitglieder arbeiten motivierter, weil es mehr Spaß macht. Du kannst Teams in allen Bereichen bilden, auch in der Verwaltung. Am erfolgreichsten sind Teams, wenn sie auch Verantwortung haben können und ein Ziel gesetzt bekommen. Das spornt die Mitglieder noch einmal zusätzlich an. Es ist normal, dass ein Mitarbeiter in mehreren Teams gleichzeitig ist, und gute Teams sind auch abteilungsübergreifend besetzt. Es besteht allerdings die Gefahr, dass Du vom Erfolg überrannt wirst und zu viele Teams ins Leben rufst. Das kann die Mitglieder irgendwann überfordern und sie können ihre Arbeit nicht mehr ordentlich machen.

Interne Rotation

Je nach Beschaffenheit und Struktur Deines Unternehmens kannst Du auch versuchen, Mitarbeiter rotieren zu lassen. Dabei bekommen sie alle zwei oder drei Monaten einen neuen oder anderen Bereich zugewiesen. Das hat den Vorteil, dass ihr Job abwechslungsreich ist, kann für Dich aber auch bedeuten, dass immer wieder frischer Wind in die verschiedenen Arbeitsbereiche kommt. Du wirst hier abwägen müssen, in welchen Bereichen Spezialisten gebraucht werden, die nicht rotieren können, und wo ein solcher Wechsel möglich ist. Manchmal kann es auch schon reichen, wenn Mitarbeiter interne Praktika von ein paar Tagen machen, um zu verstehen, wie die Kollegen in anderen Abteilungen arbeiten.

Teambuilding

Wenn Du in einer kleineren Firma das Gefühl bekommst, dass etwas im Betriebsklima nicht in Ordnung ist und die Motivation sinkt, dann kannst Du auch mit kleineren Maßnahmen eingreifen. Es muss nicht unbedingt einen Arbeitskreis zum Thema Arbeitsplatzzufriedenheit geben. Dennoch können kleine Aktionen dazu beitragen, die Stimmung nachhaltig zu verbessern. Ganz oben bei solchen Aktivitäten steht das Teambuilding. Der Begriff ist etwas irreführend, denn eigentlich geht es darum, Teams zu stärken. Aber natürlich kannst Du auch neue Teams zu einem Teambuilding einladen.

Hinter dem Begriff verbirgt sich eine Menge an unterschiedlichen Methoden. Teambuilding kann im Seminarraum Deiner Firma gemacht werden oder im südamerikanischen Dschungel. Es reicht von Spielen und Bastelstunden bis hin zum knallharten Überlebenstraining. Welche Form des Teambuildings Du wählst, hängt erst einmal von Deinem Budget ab, aber auch davon, was Du erreichen willst.

Wenn es darum geht, neu zusammengesetzte Teams auf spielerische Art und Weise zusammenzubringen und zu motivieren, dann kann das auch inhouse gemacht werden. Soll aber eine ganze Abteilung motiviert werden, oder willst Du einfach Deinen Mitarbeitern etwas Gutes tun, dann kannst Du auch einen etwas anderen Betriebsausflug machen.

Ein Teambuilding ist kein Allheilmittel. Du solltest vorher wissen, welche Probleme es gibt und diese dann versuchen, mit den geeigneten Aktivitäten anzugehen:

> Eine Reise-Firma hatte ein Hauptbüro und eines, das in eine andere Stadt ausgelagert wurde. Die Mitarbeiter der beiden Büros kannten sich nur über E-Mail-Kontakt und die jährliche Weihnachtsfeier. Einen Betriebsausflug gab es nicht, auch wenn die Firma nur 30 Angestellte hatte. In dem kleineren Außenbüro mit 10 Angestellten kam es zu einer höheren Fluktuation und zu höheren Quote von Krankheitstagen. Eine Analyse fand heraus, dass sich die Mitarbeiter allein fühlten, keinen Kontakt zur Führung hätten und sich zwei-

ter Klasse fühlten. Ihre Motivation war auf einem absoluten Tiefpunkt angelangt. Daraufhin wurden alle Mitarbeiter zu einem Wochenende für ein Teambuilding eingeladen. Es ging vor allem darum, spielerisch neue Teams zu bilden, die aus beiden Büros bestanden. Ziel war, das man engere Bindungen zwischen Mitarbeitern schaffte. Wichtig war dabei auch, dass man jene Mitarbeiter förderte, die mit den Kollegen aus den anderen Bereichen gut konnten. Nach dem Seminar setzte man sich zusammen und aus dem Kreis der Mitarbeiter kamen einige Ideen. Eine, die umgesetzt wurde, war, dass es rotierende Mitarbeiter gibt, die mal in dem einen, mal in dem anderen Büro arbeiten können, wenn sie das wollen. Nach einem halben Jahr waren die Krankheitstage geringer und in diesem Zeitraum gab es keine Kündigung. Die Motivation war wieder gestiegen, es gab mehr Eigeninitiative und ein besseres Betriebsklima.

Führungskräfte werden mit ein paar Spielen nicht zufriedengestellt werden. Sie suchen bei einem Outing oft eine große Herausforderung, in der sie sich beweisen können. Sie haben andere Motivationen als ihre Angestellten. Sie wollen zum einen mehr Macht und Einfluss haben, sich zum anderen aber auch gegenüber anderen beweisen können. Auch die Sinnsuche spielt bei Führungskräften eine Rolle, auch wenn diese es selten offen zugeben.

Wenn Du Deine Geschäftsführung wirklich herausfordern willst, dann suchst Du Aktivitäten aus, in denen sie mit Sicherheit komplett überrascht und überfordert wird. Wer bereits Karriere gemacht hat, ist gewohnt, schneller zu sein als andere, höher und weiter zu springen. Damit kommt man aber heute nicht mehr weiter, und das spüren viele auch. Mit den gewohnten Methoden kommen Führungskräfte nicht mehr zum Ziel und dann sinkt auch die Motivation. Frustration spielt hier eine große Rolle. Deshalb müssen sie in Teambuildings lernen, zusammenzuarbeiten und Lösungen in den Vordergrund zu stellen.

Ein kleines Beispiel ist die Marshmallow-Challenge.[27] Dabei muss eine Gruppe aus ein paar trockenen Spaghetti, Schnur und etwas Klebeband sowie einem Marshmallow einen Turm bauen. Bei diesem Spiel geht es darum, iterativ und gemeinsam vorzugehen. In den meisten Fällen werden erst einmal die Alpha-Tiere versuchen, die Führung zu übernehmen. Wenn sie nicht gerade ein Statiker sind, werden sie grandios scheitern.
Genau diese Erfahrung soll aber gemacht werden. Die etwas umfangreichere Version sind dann wirklich die Überlebenstrainings im Dschungel, aber auch Aufenthalte auf einem Bauernhof oder einige Übernachtungen in einem Dorf, in einem komplett unterschiedlichen Kulturkreis, wie zum Beispiel Afrika oder Asien.

Teambuilding und Outings sind keine Betriebsausflüge, mit denen die Mitarbeiter belohnt werden sollen. Sie sollen vielmehr dazu beitragen, die Kultur im Unternehmen aktiv zu leben und gegebenenfalls auch zu verbessern. Ein Unternehmen, dass sich die Mitarbeiterorientierung auf die Fahnen geschrieben hat, wird auch eher solche Aktivitäten anbieten. Konservativ geführte Firmen belassen es meistens bei Weiterbildungsmaßnahmen.

Projekte

Manchmal kann ein wenig Abwechslung auch helfen, Mitarbeiter wieder in Schwung zu bringen, und dazu eignen sich Projekte. In diesen können Deine Angestellten neue Rollen einnehmen, bekommen Verantwortung auf Zeit übertragen und können lernen, in Teams zu arbeiten. Solche Projekte können direkt auf die Arbeit bezogen sein, die sie schon machen, oder aber unternehmensweite Projekte. Wenn es zum Beispiel um die Umgestaltung der Büroräume geht, kannst Du eine abteilungsübergreifende Projektgruppe ins Leben rufen. Viele ältere Mitarbeiter werden motiviert, wenn sie in solchen Teams mitarbeiten können. Du kannst auch in bestehende Projekte Personal aus anderen Arbeitsbereichen einla-

[27] Wujec, T. (2010): Build a tower, build a team. URL: https://www.ted.com/talks/tom_wujec_build_a_tower_build_a_team/transcript [Stand: 10-11-2019]

den, um neue Perspektiven und Ideen zu bekommen. Gleichzeitig wertest Du Deine Mitarbeiter auf, weil Du zeigst, dass Du an ihren Fähigkeiten über ihren Tagesjob hinaus interessiert bist. Auch hier solltest Du aber nicht Projekte als Allheilmittel sehen und Dein Personal überfordern. Gerade für unternehmensweite Projekte sollten Freiwillige genommen werden, die auch die zusätzliche Arbeit machen können.

Der Betriebsausflug (und die Weihnachtsfeier)

Die beiden Klassiker der Motivationsmethoden in Unternehmen stehen bewusst am Ende der Liste. Sie wurden einst als Highlight des Geschäftsjahres gefeiert, hier ließ das Unternehmen einiges springen, man konnte fünf gerade sein lassen und verdiente Mitarbeiter belohnen. Tatsächlich mögen sich viele auch auf diese Events gefreut haben, und auf jeden Fall konnten sie zu einer besseren Stimmung beitragen. Aber der Motivationsschub, der aus ihnen resultierte, war wenn überhaupt nur von kurzer Dauer.

Der Grund dafür liegt im generellen Ansatz. Mit einem Ausflug und einer Feier werden keine individuellen Bedürfnisse befriedigt. Sie verändern nicht die Situation des einzelnen Arbeitnehmers. Und sie sind selten in eine Motivationsstrategie eingebettet.

Es kann aber auch Ausnahmen geben. Wenn Du zum Beispiel bestimmte Mitarbeiter mit der Organisation beauftragst, die das auch gerne machen wollen, weil es eine willkommene Abwechslung ist, dann hat das sicherlich einen motivierenden Einfluss. Für sie ist das ein kleines Projekt, mit dem sie betraut sind, für das sie Verantwortung übernehmen können. Versuche aber immer, Freiwillige damit zu betrauen und auch solche, die sonst eher weniger im Mittelpunkt stehen und Verantwortung haben.

Betriebsausflüge können ebenfalls eine Motivation sein, wenn es in kleinen Gruppen geschieht und auch einen Bezug zur Arbeit besteht. Eine Reisefirma zum Beispiel kann einen Ausflug in eine Stadt damit verbinden, sich Hotels anzuschauen, die man den Kunden anbietet, oder neue Aktivitäten auszuprobieren. Wenn Mitarbeiter einmal rauskommen, dies aber nicht als Dienstreise gesehen wird, ist das eine geeignete Motivationsmaßnahme.

8.4 Notwendige Voraussetzungen schaffen

Um solche Motivationsmaßnahmen einführen und umsetzen zu können, müssen die notwendigen Voraussetzungen geschaffen sein. Die besten Motivationstechniken nutzen nichts, wenn die Führungsetage nicht wirklich dahintersteht. Wer sich als Chef beim Betriebsausflug nach einer Stunde wegen wichtiger Termine abmeldet, wäre besser gleich ferngeblieben.

Führung muss an Bord sein

Man kann nicht oft genug sagen, dass Motivation auch mit Vertrauen zu tun hat, und das betrifft vor allem Dich als Chef. Du musst 100 % hinter den Maßnahmen stehen, sie auch selbst anwenden und verwirklichen und Deinen Mitarbeitern zeigen, dass Du es ernstmeinst. Wenn der Mitarbeiter des Monats benannt wird, dann ist es Deine Aufgabe, diese Auszeichnung zu vergeben. Es schadet auch nichts, wenn Du selbst ab und an die Lösung benutzt, die Du für kreative Arbeiten eingerichtet hast.

Kreativität als Teil der Unternehmenskultur und -strategie

Wenn Du Kreativität fördern und damit die Motivation steigern willst, musst Du das auch strategisch im Unternehmen festlegen. Es ist nicht mit einem Wochenendseminar oder dem kreativen Nachmittag am Freitag nach 16 Uhr getan, wenn ohnehin schon jeder gedanklich im Wochenende ist. Kreativität muss in der Vision festgelegt sein, sie muss auf allen Ebenen gelten und auch von der Führungsetage gelebt werden. Mitarbeiter merken recht schnell, ob eine Maßnahme eher dazu dient, nach außen als modern und offen dazustehen oder tatsächlich gelebt wird. Ist Letzteres der Fall, wird sich das positiv auf die Motivation auswirken.

Offenheit und Transparenz schaffen

Im amerikanischen Verwaltungssystem hat sich, vor allem beim Militär, die “need to know basis”-Methode eingebürgert. Das bedeutet, dass ein Mitarbeiter immer

nur so viele Informationen bekommt, wie er gerade benötigt. Wie wenig diese tatsächlich funktioniert, hat sich schon im Vietnamkrieg gezeigt, als die Generäle keine Ahnung hatten, wie die Lage vor Ort aussah und die Ratschläge der Soldaten an der Front in den Wind schlugen. Die sogenannten Cluster, die man damals eingerichtet hatte, um die Frontabschnitte zu verwalten, waren ein bürokratisches Ungetüm. Der Begriff "Clusterfuck" für eine große Fehlplanung kommt daher.
Moderne Unternehmen sind heute offen und transparent. Je besser ein Mitarbeiter das Gesamtbild versteht, umso eher kann er sich auch mit dem Unternehmen identifizieren. Es muss nicht gleich jeder Zugriff auf alle Daten haben, aber Entscheidungsprozesse sollten transparent sein, die Kommunikation offen und ehrlich und vor allem auch zeitnah sein. Außerdem solltest Du auch darauf achten, dass diese Kommunikation immer in beiden Richtungen funktioniert. Versuche, Deine Mitarbeiter auch dahingehend zu motivieren, dass sie regelmäßig mit Dir kommunizieren.

9. Motivationsmanagement

Der Motivation liegen meistens ein paar Begriffe zugrunde, die neben der Persönlichkeit des Mitarbeiters und dem Führungsstil eine Rolle spielen. Dabei geht es um das Potenzial des Mitarbeiters und seine Fähigkeiten, die Art der Arbeit und die Entlohnung. Man kann das auf eine **einfache Formel** bringen:

Die Motivation wird größer, wenn

- Chancen zur persönlichen Entfaltung und Weiterbildung vorhanden sind.
- Die Belohnung angemessen ist.
- Ein Mitarbeiter sich entwickeln darf und das gefördert wird.[28]

9.1 Gehalt

Um die Bedeutung des Gehalts für die Motivation streiten sich Psychologen und Betriebswirtschaftler seit Jahrzehnten. Unbestritten ist, dass ein zu niedriges Gehalt demotivierend wirken kann. Welche Rolle es als Anerkennung für die geleistete Arbeit und als Entgelt für den Zeitaufwand spielt, wird aber nach wie vor diskutiert. Im Online-Lehrbuch Personalführung heißt es dazu:

> "Nach motivationstheoretischen Ansätzen werden die Arbeitsleistung und Arbeitszufriedenheit noch von anderen Faktoren maßgeblich beeinflusst: (Maslow betont die Möglichkeit zur Selbstverwirklichung, Herzberg die Bedeutung des Arbeitsinhalts und der Anerkennung.)"

> "Untersuchungen haben gezeigt: Entlohnungssysteme sind hinsichtlich ihrer Motivationskraft erfolgreicher, wenn

[28] Gürthner, B. (2005): Motivationsmanagement als Führungsaufgabe, S.1. Online-Lehrbuch-Verhaltensprozesse. URL: http://www.online-lehrbuch-bwl.de/lehrbuch/kap4/motivmgt/motivmgt.pdf [Stand: 26-11-2019]

- die Leistung Gegenstand der Bezahlung ist,
- es breit gefächert, variabel einsetzbar und individuell gestaltet ist,
- eine situative Anpassung erfolgt,
- das System transparent ist,
- bewusst offen kommuniziert wird und
- die individuelle Entlohnung vertraulich erfolgt."[29]

Du sollest also versuchen, das Gehalt als eine individuelle Motivationsmöglichkeit zu verstehen. Wenn Du nicht gerade tarifgebunden bezahlen musst, kannst Du alle Gehälter mit den jeweiligen Angestellten aushandeln. Die Zeiten von Gehaltsklassen sind eigentlich vorbei und nur noch im öffentlichen Dienst, im Gesundheitswesen und in den Köpfen einiger Gewerkschaftler zu finden. Einem Mitarbeiter zu sagen, er steigt in die nächste Gehaltsklasse auf, ist weniger motivierend als ihm mitzuteilen, dass er wegen seiner guten Leistungen eine Gehaltserhöhung von XX Euro bekommt. Automatische Gehaltserhöhungen sind immer seltener, weil damit die Zeit belohnt wird, die man verbracht hat, aber nicht unbedingt die erbrachte Leistung.

9.2 Arbeitsinhalt

Die Art der Arbeit ist ein wichtiger intrinsischer Motivationsfaktor. Je genauer die Anforderungen der Tätigkeit mit Qualifikation und Kompetenz des Mitarbeiters übereinstimmen, umso größer werden die Arbeitszufriedenheit und Motivation sein.

[29] Gürthner, B. (2005): Motivationsmanagement als Führungsaufgabe, S 5. Online-Lehrbuch-Verhaltensprozesse. URL: http://www.online-lehrbuch-bwl.de/lehrbuch/kap4/motivmgt/motivmgt.pdf [Stand: 26-11-2019]

Deshalb solltest Du bei der Besetzung von Stellen schon darauf achten, dass Qualifikation und Stellenbeschreibung zusammenpassen. Es geht dabei weniger um die formalen Qualifikationen, wie Abschlüsse und Zertifikate, sondern um Erfahrung und Kompetenz. Gleichzeitig wirst Du aber auch Luft nach oben lassen müssen, damit sich der Mitarbeiter weiterbilden und -entwickeln kann. In vielen Fällen dürfen Bewerber deshalb leicht unterqualifiziert sein, wenn Du den Eindruck hast, sie wollen lernen und weiterkommen. Die Motivation durch Herausforderungen gehört zu den größten in der Arbeitswelt, wenn diese Herausforderungen als positiv angesehen und vermittelt werden. Allzu großer Druck durch unrealistische Zielvereinbarungen kann diese Motivation schnell wieder abebben lassen. Versuche von Deinen Mitarbeitern deshalb immer nur so viel zu fordern, wie sie auch realistisch in der Lage sind umzusetzen.

Zum Arbeitsinhalt gehört auch, dass Aufgaben vielschichtig sind. Niemand möchte heute mehr stupide und immer wiederkehrende Tätigkeiten machen. Es liegt an Dir als Unternehmer oder Vorgesetzter, einen Arbeitsplatz so zu gestalten, dass er attraktiv und abwechslungsreich ist. Das ist eine der gravierenden Veränderungen in der modernen Arbeitswelt. Arbeitgeber sind heute gefordert, die Arbeitsumgebung so zu gestalten, dass sie damit für hochqualifizierte und engagierte Bewerber interessant wird. Der Arbeitsmarkt ist heute vor allem von der Nachfrage getrieben, was bedeutet, dass sich gute Bewerber die Jobs aussuchen können.

9.3 Arbeitszeit

Die 40-Stunden-Woche oder sogar weniger Arbeitsstunden werden zwar heute immer noch in Arbeitsverträgen festgeschrieben, haben aber mit der Realität kaum mehr etwas zu tun. Ähnliches gilt für Überstundenregelungen. In Jobs mit einem mittleren Einkommen wird von den Mitarbeitern erwartet, ihre Arbeit selbstverantwortlich in einer gewissen Zeit erledigen zu können. Stechuhren gehören der Vergangenheit an, und die Fingerabdruckscanner werden meistens nur aus Sicherheitsgründen benutzt, damit man weiß, wer sich im Gebäude befindet. Grundsätzlich sind Zeitüberwachungs- und Zeiterfassungssysteme der Motivation eher abträglich. Es gibt aber auch Ausnahmen. Dann nämlich, wenn die Zeit, die ein Mitarbeiter für seine Arbeit braucht, einem Kunden berechnet wird, direkt oder indirekt. Bei vielen Beratungsunternehmen ist das der Fall, aber auch im Software- und Entwicklungsbereich. Dann müssen auch Personenstunden erfasst werden, aus denen aber nicht automatisch die Wochenarbeitszeit abgeleitet wird. Dieser Begriff stammt noch aus der Produktionsgesellschaft, in der an Maschinen gearbeitet wurde. Die meisten Menschen verrichteten dabei eine gleichförmige Arbeit, die einfach per Stunde abgerechnet wurde. Heute bezahlst Du Deine Mitarbeiter aber nicht dafür, wie viele Produkte sie innerhalb eines bestimmten Zeitraumes schaffen, sondern für ihre Denkleistung. Im modernen Büro müssen Aufgaben erledigt werden, die nur schwerlich in Zeitpakete verpackt werden können. Je flexibler Arbeitszeit in Deinem Betrieb gehandhabt wird, umso mehr wird sich das auf das Betriebsklima auswirken. Allerdings solltest Du die Motivation der Mitarbeiter nicht ausnutzen. Wer jeden Monat drei Samstagsschichten fordert oder die Mitarbeiter nicht vor 19 Uhr nach Hause schickt, wird das schnell zu spüren bekommen.

Eine flexible Arbeitszeit bedeutet heute auch, dass es eine Vereinbarkeit von Familie und Beruf gibt. Wer kranke Kinder zu Hause hat, muss auch einmal die Möglichkeit haben, das Homeoffice zu nutzen. Andere flexible Arbeitszeitmodelle sind die **Gleitzeit, Vertrauensarbeitszeit, Kernarbeitszeit** und das **Job-Sharing**. Interessant ist auch die **Altersteilzeit.** Mit dieser wollte der Gesetzgeber den Übergang vom Arbeitsleben in den Ruhestand einfacher machen und auch neue Arbeitsplätze für junge Angestellte schaffen.

> "Die neuere und heute fast ausschließlich genutzte Form der Altersteilzeit ist das Blockmodell. Hierbei wird die Altersteilzeit in zwei gleich lange Beschäftigungsphasen unterteilt. In der ersten, sogenannten Arbeitsphase bleibt die wöchentliche Arbeitszeit ungekürzt. In der zweiten Phase, der Freistellungsphase, wird der Arbeitnehmer von seiner Arbeitsleistung freigestellt. Über

> die Gesamtdauer ergibt sich also auch hier eine Reduzierung der Arbeitszeit."[30]

Du kannst aber natürlich auch individuelle Vereinbarungen mit älteren Mitarbeitern treffen, zum Beispiel, wenn diese ab dem 63. Lebensjahr die Arbeitszeit um 30 Prozent verringern wollen. In allen Fällen wird eine den Bedürfnissen der Mitarbeiter angepasste Arbeitszeit die Motivation erhöhen. Selbstverständlich ist dabei, dass die Flexibilität nicht zulasten der Prozesse in Deinem Unternehmen gehen darf.

Eine Studie der Managementberatung Towers Perrin hatte 2007 herausgefunden, dass vor allem die Deutschen eine flexible Arbeitszeit und mehr Work-Life-Balance wollen.

> Erfolgreiche Mitarbeiter zu gewinnen, zwingt Unternehmen zu einem Spagat: Denn wie die Studienergebnisse zeigen, wünschen sich Arbeitnehmer Dinge, die auf den ersten Blick nicht leicht miteinander zu vereinen sind: Einerseits ist ihnen eine herausfordernde Tätigkeit mit Karrieremöglichkeiten und guter Bezahlung wichtig. Auf der anderen Seite aber fordern sie auch eine gute Work-Life-Balance mit flexiblen Arbeitszeiten und einer angemessenen Arbeitsbelastung. (...) Auffällig ist, dass neben "weichen", nicht monetären, Faktoren besonders das Arbeitsumfeld eine wichtige Rolle bei der Wahl des Arbeitgebers spielt. So sind das Renommee des Unternehmens als guter Arbeitgeber und dessen Standort von großer Bedeutung für die Attraktivität eines Arbeitgebers.[31]

[30] PROFCON: Vorzeitiger Ruhestand. URL:https://www.profcon.de/personal/loslassen/vorzeitiger-ruhestand/ [Stand: 16-12-2019]

[31] TowersPerrin Global Workforce Study (2007): Was Mitarbeiter bewegt zum Unternehmenserfolg beizutragen – Mythos und Realität, Deutschland Report, S. 7

9.4 Zielvereinbarungen

Zielvereinbarungen sind ein sehr anspruchsvolles und zeitintensives, aber auch effizientes Führungsinstrument. Gleichzeitig können sie, richtig eingesetzt, auch den Mitarbeiter motivieren. Dabei solltest Du die Ziele immer gemeinsam mit dem Angestellten besprechen und festlegen. Dadurch ist er oder sie mit an Bord, es entsteht eine Eigenverpflichtung und eine Verantwortung gegenüber den Zielen. Deine Mitarbeiter können sich bei einer gemeinsamen Formulierung mit den Zielen identifizieren und sind motivierter, diese auch zu erfüllen.

Ein anderer Vorteil bei einer gemeinsamen Zielerstellung ist, dass Mitarbeiter meist am besten wissen, was erreicht werden kann. Dein Job wird meistens sein, lediglich die Messlatte ein klein wenig höher zu legen, um den Mitarbeiter noch etwas anzuspornen. Dabei solltest Du ihnen aber auch einen gewissen Handlungsspielraum geben. Nicht alle Ziele können erreicht werden.

Die Mitarbeiter erhalten über die Zielvereinbarung auch die Möglichkeit, ihre Arbeit eigenständig zu planen und zu verwalten. Sie dürfen selbstständig arbeiten, haben aber auch gleichzeitig eine Orientierung.

Tipps für Zielvereinbarungen

1. Die Ziele müssen realistisch sein. Es geht darum, den Mitarbeiter zu Höchstleistungen anzuspornen, nicht aber utopische Verkaufszahlen zu erreichen. Du kannst hier die SMART-Formel anwenden: Spezifisch, messbar, attraktiv. Realistisch und terminiert.

2. Weniger ist mehr: Die Zahl der Ziele sollte unbedingt überschaubar sein. Mehr als 5 Ziele für einen mittleren Zeitraum sollten es nicht sein. Letztlich hängt das aber auch von der Art der Ziele und dem Unternehmen ab.

3. Ziele sollten messbar sein, und möglichst aktuell. Ein Mitarbeiter wird sich motiviert fühlen, wenn er Ziele grafisch aufbereitet sehen kann und damit

auch das Ziel vor Augen hat. Es ist so wie bei einer Smartwatch, die Dir anzeigt, wie viele Deiner 10.000 Schritte am Tag Du schon erledigt hast. Bleiben am Abend noch 2.000 Schritte, wirst Du meistens noch einmal eine Runde ums Haus laufen, um Dein Ziel zu erreichen. Allerdings sind nicht alle Ziele messbar: Man unterscheidet zwischen qualitativen und quantitativen Zielen.

4. Ziele sollten dokumentiert weren: Am besten schreibst Du sie gemeinsam mit Deinem Mitarbeiter nieder. Wenn ihr eine entsprechende Software habt, sollten die Ziele auch darin eingefügt werden. Bei Verkäufern zum Beispiel kann das im CRM-System eingepflegt werden.

5. Verantwortung: Der Mitarbeiter muss auch die Möglichkeit haben, die Ziele eigenständig zu erreichen. Wer für jeden Schritt ein Formular ausfüllen muss, wird schnell frustriert sein.

6. Vorsicht bei älteren Mitarbeitern: Sie brauchen keinen Druck, sondern Herausforderungen. Hier sind qualitative Ziele (Entwurf der neuen Webseite, Konzept fürs social Marketing in y Wochen fertigstellen) meist besser als die Verkaufszahlen oder geschriebene Lines of Code festzulegen.

Beispiele für Zielformulierungen:

- x neue Kundenkontakten in y Monaten
- x % mehr page impressions in y Monaten
- Conversion-Rate-Steigerung um x % in y Wochen
- x Shares und z Gefällt-mir bei Facebook in x Wochen
- x Artikel in Publikationen A, B, und C in den nächsten y Monaten
- Marktanteil im nächsten Geschäftsjahr um x % steigern
- Verkauf um x % in y Monaten steigern
- Einsparung um x % beim Einkauf in y Monaten
- Reduzierung der Zeit um x % in den Prozessen A, B und C in y Monaten

9.5 Maßnahmen für ältere Mitarbeiter

Ältere Mitarbeiter, vor allem wenn sie die 60 überschritten haben, werden oft andere Anforderungen an die Arbeitsplatzgestaltung und andere Motivationsmaßnahmen haben als die jüngeren Kollegen. Sie brauchen keinen Flipperautomaten, dafür aber gute Stühle, die den Rücken schonen.

Bei großen Unternehmen mit vielen älteren Mitarbeitern lohnen sich auch breite Maßnahmen, die übrigens durchaus auch von anderen Angestellten genutzt werden können. Wenn es ein Werksgelände gibt, können schon Fahrräder eine kleine Hilfe sein, um viele Laufstrecken leichter bewältigen zu können. Im Produktionsprozess können Bewegungspausen eingefügt werden, die Maschinen werden dann kurz angehalten. Im Büro kannst Du Bewegung manchmal dadurch fördern, dass man zum Drucker ein Stück laufen muss. Im Bereich der Weiterbildung brauchen ältere Mitarbeiter weniger Managerseminare, freuen sich dafür aber mehr über Rückenschule oder Ernährungsseminare. Diese können auch den anderen Mitarbeitern von Vorteil sein.

Überhaupt sind spezielle Bedürfnisse von älteren Mitarbeitern oft ein Anlass, den Arbeitsplatz generell besser und auch gesünder zu gestalten. Das betrifft ergonomische Stühle und Tische, aber auch Hebe- und Tragehilfen und sogar eine Umgestaltung der Fließbänder und Montage, zum Beispiel im U-Konzept.

Du kannst aber auch über Gesprächsrunden die Arbeit der Senioren im Unternehmen schätzen und ihre Erfahrung so weitergeben. Jedes Unternehmen hat eine Geschichte und wer lange dabei ist, kann sie am besten erzählen. Deshalb eignet sich langjähriges Personal auch bestens für Einführungsseminare und als Schatten in den ersten Wochen von neuen Mitarbeitern.

Und selbst bereits (früh-) pensionierte Angestellte kannst Du mit Beraterverträgen oder Teilzeitarbeit weiterhin an Deine Firma binden, und damit auch weiterhin deren Erfahrung nutzen.

Altersgerechte Arbeitszeiten

Die Arbeitszeit spielt eine besondere Rolle für Ältere, auf der Wunschliste stehen flexible Zeiten immer ganz oben. Dabei bieten sich verschiedene Konzepte an, die auf die Bedürfnisse und Fähigkeiten der Senioren eingehen. Dazu gehören:

- Arbeitszeitkonten, die eine lange Laufzeit haben, und die Möglichkeit, Urlaub anzusparen. Mitarbeiter können sich so besser erholen, aber es bindet auch alle anderen Beschäftigten mehr ans Unternehmen.

- Vertrauensarbeitszeit: Ältere Mitarbeiter wissen, was sie tun, und wollen für ihre Leistung bezahlt werden und nicht dafür, dass sie wirklich bis 17 Uhr am Schreibtisch gesessen haben. Selbstverantwortung spielt hier eine große Rolle.

- Altersgerechte Pausen: Menschen über 55 Jahre brauchen manchmal mehr, dafür aber kürzere Pausen oder wollen sich diese selbst einteilen können. Solange das im Betriebsablauf möglich ist, sollte man das auch erlauben.[32]

Die oben bereits erwähnte KSB-Gruppe erarbeitete ein Konzept, das für spezifische Altersgruppen Maßnahmen vorsah, die erfolgreich eingeführt wurden. Im Detail sahen die Vorschläge so aus:[33]

Die Maßnahmen wurden nach Altersgruppen gestaffelt:

Ab 55 Jahren: In den Beurteilungsgesprächen wird auch auf das Alter und die Sichtweise des Mitarbeiters eingegangen. Damit kann man auch besser sicherstellen, wo sie am besten eingesetzt werden.
Bei IT-Workshops können Ältere zunächst unter sich bleiben, weil sie besser voneinander lernen und nicht den Druck haben, mit den oft technisch versierteren

[32] Toolbox Fachkräftesicherung: 2. Beschäftigungs- und Innovationsfähigkeit erhalten. URL: http://www.fachkraefte-toolbox.de/fachkraefte-gewinnen/generation-50-plus/2-beschaeftigung-erhalten/ [Stand: 5-11-2019]

[33] Zisgen, A. (2005): Motivierende Arbeitsstrukturen für ältere Mitarbeiter, S. 66 f. In: RKW Arbeitskreis "Gesundheit im Betrieb": Älter werden im Betrieb – Dokumentation der Fachveranstaltungen, S. 63-68

jüngeren Kollegen mithalten zu müssen. Der werksärztliche Dienst bietet einen gratis Check-up an.

Ab 58 Jahren: Schichtdienst ist für ältere Betriebsangehörige oftmals belastend, vor allem wenn sie in der Produktion arbeiten. Auf Wunsch können sie von Nachtschichten befreit werden, auch ohne ein ärztliches Gutachten vorlegen zu müssen.
Wenn das Guthaben auf dem Langzeitarbeitskonto hoch genug ist, können Mitarbeiter auch die Wochenarbeitszeit reduzieren. Nach zwei Jahren zum Beispiel sollte das Guthaben bereits ausreichend sein.

Ab 60 Jahren: Mitarbeiter, die seit 25 Jahren oder länger in der Firma sind, werden keine Gehaltskürzungen in Kauf nehmen müssen, wenn sie versetzt werden oder in anderen Bereichen eingesetzt werden.
Wenn ältere Führungskräfte von Managementaufgaben entbunden werden wollen, bekommen sie die Unterstützung des Unternehmens, es werden ihnen ähnliche Jobs angeboten, ohne dass das Gehalt gekürzt wird.

Ab 63 Jahren: Mitarbeiter bekommen 3 Tage mehr Urlaub, wenn ihnen der Jahresurlaub nicht zur Erholung ausreicht. Werden sie länger krank, bekommen sie das Gehalt einmalig drei Monate lang bezahlt.

Weitere Maßnahmen:
Auch ohne Altersgrenzen kann man Maßnahmen einführen. So hat das Patenmodell keine Auswirkungen auf das Gehalt (wird also voll bezahlt). Wenn es um die Nachfolge geht, wird sichergestellt, dass es genügend Zeit für eine Übergabe gibt. Außerdem werden von der KSB mehr alternative Arbeitsplätze für Mitarbeiter zur Verfügung gestellt, die gesundheitliche Probleme haben. Wer sich im Laufe seiner Karriere ein breites Fachwissen angeeignet hat, aber keine Führungsaufgabe mehr übernehmen will, kann dieses dennoch einbringen. Diese Mitarbeiter werden auch bei Führungstrainings besonders beachtet. Die Betriebskrankenkasse bietet für alle älteren Mitarbeiter eine jährliche Aktivwoche an. Und wenn der Zeitpunkt der Verrentung näherkommt, hilft das Unternehmen bei der Vorbereitung auf diesen neuen Lebensabschnitt.

10. Zusammenfassung

Motivierte Mitarbeiter leisten mehr, sind der Firma treu und helfen auch, das Betriebsklima zu verbessern. Und dennoch gibt es viele Unternehmen, die als Motivationshilfen Einzelmaßnahmen durchführen, statt eine Strategie zu formulieren. Mit diesem Buch wollen wir Dir die verschiedenen Wege aufzeigen, damit Du am Ende einen gefüllten Werkzeugkasten und ein paar Anleitungen hast. Du solltest jetzt in der Lage sein, einen Plan zu formulieren – am besten zusammen mit einigen Angestellten – welche der vorgeschlagenen Maßnahmen am besten passen, wie sie eingebettet werden können und welche Ziele damit verfolgt werden. Letzteres ist wichtig, denn sonst besteht die Gefahr, dass Du ein Feuerwerk an Motivationshilfen abbrennst, ohne ein wirkliches Ziel vor Augen zu haben.

Hier noch einmal **10 wichtige Tipps für den Alltag**.

10 Tipps für die Mitarbeitermotivation

1. Schätze und respektieren Deine Mitarbeiter.
2. Frage Deine Mitarbeiter um Rat und bitte sie um Hilfe.
3. Überrasche Dein Personal.
4. Lass den Spaß nicht zu kurz kommen.
5. Gratulieren jedem Mitarbeiter zum Geburtstag, Hochzeit und anderen wichtigen Gelegenheiten.
6. Stelle das Team in den Mittelpunkt.
7. Halte Dich bei Meetings zurück.
8. Lass die Fachleute die Tagesordnung formulieren.
9. Investiere in die Weiterbildung.
10. Höre Deinen Mitarbeitern zu.

Es gibt ein Bild eines Eisbergs, das oft als Führungsignoranz betitelt wird. Laut diesem Bild weiß die Führung nur etwa 4 % von dem, was wirklich im Unternehmen geschieht (die Spitze des Eisbergs), die mittleren Ebenen ca. 9 %. Unter der Wasserlinie liegen die Angestellten, welche die Tagesarbeit machen und meistens zu 100 % wissen, was los ist. Je mehr sich diese abgeschnitten fühlen, umso mehr sinkt auch die Motivation.[34]

Information findet in einem Unternehmen immer einen Weg nach unten, selten aber nach oben. Deine Sekretärin wird natürlich anderen Mitarbeitern Bescheid geben, wenn Du tagelang mit Sorgenfalten ins Büro kommst und viele Termine bei der Bank hast. Aber wird sie (und vor allem darf sie) Dir auch sagen, welche Stimmung in der Produktion herrscht oder welche Probleme die Mitarbeiter im Verkauf haben? Mitarbeitermotivation fängt wie alles bei der Führung an, und deshalb haben wird diesem Thema hier auch etwas Raum gegeben.

Viel Spaß bei der Motivation Deiner Mitarbeiter und vergesse auch Dich selbst nicht dabei.

Malte Schabitz

[34] Innovisor (2018): Who is to Blame for the Disconnect Between Employees and Executives? URL: https://www.innovisor.com/2018/10/19/who-is-to-blame-for-the-disconnect-between-employees-and-executives/ [Stand: 5-12-2019]

Rechtliches und Impressum

Die Inhalte dieses Buches wurden anhand von anerkannten Quellen recherchiert und mit hoher Sorgfalt geprüft. Der Autor übernimmt dennoch keinerlei Gewähr für die Aktualität, Richtigkeit und Vollständigkeit der bereitgestellten Informationen.

Haftungsansprüche gegen den Autor, welche sich auf Schäden gesundheitlicher, materieller oder ideeller Art beziehen, die durch Nutzung oder Nichtnutzung der dargebotenen Informationen bzw. durch die Nutzung fehlerhafter und unvollständiger Informationen verursacht wurden, sind grundsätzlich ausgeschlossen, sofern seitens des Autors kein nachweislich vorsätzliches oder grob fahrlässiges Verschulden vorliegt. Dieses Buch ist kein Ersatz für medizinische oder professionelle Beratung und Betreuung.

Dieses Buch verweist auf Inhalte Dritter. Der Autor erklärt hiermit ausdrücklich, dass zum Zeitpunkt der Linksetzung keine illegalen Inhalte auf den zu verlinkenden Seiten erkennbar waren. Auf die verlinkten Inhalte hat der Autor keinen Einfluss. Deshalb distanziert der Autor sich hiermit ausdrücklich von allen Inhalten aller verlinkten Seiten, die nach der Linksetzung verändert wurden. Für illegale, fehlerhafte oder unvollständige Inhalte und insbesondere für Schäden, die aus der Nutzung oder Nichtnutzung solcherart dargebotener Informationen entstehen, haftet allein der Anbieter der Seite, auf welche verwiesen wurde, nicht aber der Autor dieses Buches.

Kontakt: Tim Ong/ Türkstr. 4/ 30167 Hannover
Umschlaggestaltung: chaela (www.chaela.de)
Formatierung: Marcel Wenddorf & Malte Schabitz

Quellenverzeichnis

Bohulskyy Y.; Erlinghagen, M.; Scheller, F. (2011): Arbeitszufriedenheit in Deutschland sinkt langfristig – Auch geringe Arbeitszufriedenheit im europäischen Vergleich. Aktuelle Forschungsergebnisse aus dem Institut Arbeit und Qualifikation, IAQ-Report: 2011-03

D'Onfro, J. (2015): The truth about Google's famous '20% time' policy. URL: https://www.businessinsider.com/google-20-percent-time-policy-2015-4 [Stand: 2-12-2019]

Essay, UK (2018): Case Study On Motivating Employees Management Essay. URL: https://www.ukessays.com/essays/management/case-study-on-motivating-employees-management-essay.php?vref=1 [Stand: 10-12.2019]

Familien in Baden-Württemberg – Report Väter (2014), Ausgabe 3/2014

Gawronski (2011): Vorgesetztenbeurteilung als Modernisierungsaspekt

geva-institut: Länderportrait Deutschland – Arbeitszufriedenheit und Führungsstil. URL; https://www.mitarbeiterbefragungen.de/mitarbeiterbefragung-laenderportraet-deutschland [Stand: 4-11-2019]

Gugl, P. (2014): Mitarbeitermotivation in Abhängigkeit vom Lebensalter, dargestellt am Beispiel eines Ingenieurbüros, Mittweida

Gürthner, B. (2005): Motivationsmanagement als Führungsaufgabe. Online-Lehrbuch-Verhaltensprozesse. URL: http://www.online-lehrbuch-bwl.de/lehrbuch/kap4/motivmgt/motivmgt.pdf [Stand: 26-11-2019]

Haarhaus, B.: Herzbergs Zwei-Faktoren-Theorie. URL: https://arbeitszufriedenheit.net/herzbergs-zwei-faktoren-theorie/ [Stand: 11-12-2019]

Herkimer College – Suny / Nagle, K.: 6.7 Optional Case Study – Motivation at Xerox. URL: https://courses.lumenlearning.com/suny-hccc-orgbehavior/chapter/6-7-motivation-key-for-success-the-case-of-xerox/

Innovisor (2018): Who is to Blame for the Disconnect Between Employees and Executives? URL: https://www.innovisor.com/2018/10/19/who-is-to-blame-for-the-disconnect-between-employees-and-executives/ [Stand: 5-12-2019]

Josef, H. (2016): Einfluss der Führungskraft auf die Mitarbeitermotivation, St. Andrä

Kleppeck, S. (2019): Motivation: Definition und Anwendung – Mitarbeitermotivation.URL: https://www.personalwissen.de/motivation-mitarbeitermotivation/ [Stand: 28-11-2019]

Mai, J. (2015): Mitarbeiter motivieren – 31 Tipps und Beispiele. URL: https://karrierebibel.de/mitarbeiter-motivieren-beispiele/ [Stand: 20-11-2019]

Nabi, N.; Islam, M.; Dip T. M., Hossain, A. A. (2017): Impact of Motivation on Employee Performances: A Case Study of Karmasangsthan Bank Limited, Bangladesh. In: International Journal of Business and Management Review, Vol. 5 (4), S. 57-78

Pfau, B. B. (2015): How an Accounting Firm Convinced Its Employees They Could Change the World. URL: https://hbr.org/2015/10/how-an-accounting-firm-convinced-its-employees-they-could-change-the-world [Stand: 18-11-2019]

Plahl, S. (2017): Die "neuen" Väter – eine Illusion? URL: https://www.swr.de/swr2/programm/neue-vaeter,broadcastcontrib-swr-20922.html [Stand: 12-12-2019]

Polymer Solutions News Team (2015): Reflections from a CEO Sabbatical. URL: https://www.polymersolutions.com/blog/reflections-from-a-ceo-sabbatical/ [Stand: 23-11-2019]

PROFCON: Vorzeitiger Ruhestand. URL:https://www.profcon.de/personal/loslassen/vorzeitiger-ruhestand/ [Stand: 16-12-2019]

Roßnagel, C. R. (2009): Die Arbeitsmotivation älterer Beschäftigter: Eine Frage des Profils! In: Marie-Luise und Ernst Becker Stiftung: Gesundheit, Qualifikation und Motivation älterer Arbeitnehmer - messen und beeinflussen, Dokumentation der Tagung am 01. und 02. Oktober 2009 in Bonn, S. 126-150

Scherny, J. (2012): Mitarbeitermotivation – eine geeignete Maßnahme gegen Unzufriedenheit am Arbeitsplatz?

Toolbox Fachkräftesicherung: 1. Warum rechnet sich die Beschäftigung Älterer? URL: http://www.fachkraefte-toolbox.de/fachkraefte-gewinnen/generation-50-plus/1-gruende-fuer-aeltere/ [Stand: 5-11-2019]

Toolbox Fachkräftesicherung: 2. Beschäftigungs- und Innovationsfähigkeit erhalten. URL: http://www.fachkraefte-toolbox.de/fachkraefte-gewinnen/generation-50-plus/2-beschaeftigung-erhalten/ [Stand: 5-11-2019]

Toolbox Fachkräftesicherung: Erfolgreich mit Erfahrungen der Generation 50 Plus. URL: http://www.fachkraefte-toolbox.de/fileadmin/media/Projektwebsites/Fachkraefte-Toolbox/Dokumente/service/08_50Plus_090826.pdf [Stand: 6-11-2019]

TowersPerrin Global Workforce Study (2007): Was Mitarbeiter bewegt zum Unternehmenserfolg beizutragen – Mythos und Realität, Deutschland Report, S. 7

Wujec, T. (2010): Build a tower, build a team. URL: https://www.ted.com/talks/tom_wujec_build_a_tower_build_a_team/transcript [Stand: 10-11-2019]

Zisgen, A. (2005): Motivierende Arbeitsstrukturen für ältere Mitarbeiter. In: RKW Arbeitskreis "Gesundheit im Betrieb": Älter werden im Betrieb – Dokumentation der Fachveranstaltungen, S. 63-68

Printed in Poland
by Amazon Fulfillment
Poland Sp. z o.o., Wrocław

22365068R00074